AF393053

Juan Monsalve Pino

El Ángel azul

Teatro para jóvenes

artística**mente**

MAGISTERIO

artísticamente
MAGISTERIO

El Ángel azul
Teatro para jóvenes

Autora
© Juan Monsalvo Pino

Libro ISBN: 978-958-20-0196-4

1995. Primera edición
2008. Segunda edición
2016. Tercera edición

© Cooperativa Editorial Magisterio
Diagonal 36 Bis (Park Way) No. 20-70
PBX: 338-3605
Bogotá, D.C. Colombia
www.magisterio.com.co

Contenido

Presentación

Juan Monsalve es un hombre de teatro. Lleva más de 25 años enteramente dedicado a este arte, desde todos sus campos: la actuación, la dirección y la dramaturgia. Sus primeros trabajos de dramaturgia, en 1968 fueron adaptaciones de textos de la literatura colombiana como *El Coronel no Tiene Quien le Escriba* y *Blacaman* de García Márquez y desde esos años ha incursionado en el campo de la literatura dramática experimentando con formas diversas, desde la narrativa hasta la lírica, Brecht y el Teatro Documental, la Dramaturgia para Teatro no Verbal, de acciones, el poema dramático, entre otros.

Los temas que han interesado a Juan Monsalve son múltiples y provienen de fuentes diversas, como lo demuestra la selección de obras que aquí se presentan.

En *Fausto* de Goethe se inspira el *Sabbat*, obra de suspenso y brujería: brujas, y demonios tratan de robar el alma a una joven pareja de actores, pero su inocencia se los impide y el demonio queda atrapado en el lienzo de un cuadro. Se trata de una obra exigente y compleja que puede ser terreno fértil para el florecimiento de la creatividad en el teatro.

Otra fuente de inspiración de la dramaturgia de Juan Monsalve es la violencia. En *El Ángel Azul* –ópera rock–, asistimos, en la Ciudad de la Confusión, a una de sus tantas ignominias, la persecución de un inocente, propuesta especialmente interesante para los jóvenes. Ser joven implica batirse contra un mundo violento; en muchas ocasiones se trata de batallas perdidas contra los padres, los maestros, las autoridades, los policías. La obra se desarrolla en un contexto urbano. Los ritmos de rock se mezclan con luces y escenografías inspiradas en la ciudad como semáforos, muros, puertas, vallas; la ficción y la caricatura inspiran la actuación. Se trata de una obra que ofrece a los actores un espacio de experimentación y reconocimiento del contexto urbano y de sus problemáticas.

Las obras de Juan Monsalve son puertas abiertas a la imaginación. Como dice Antonin Artaud: *el teatro no es la representación realista de la vida; por el contrario, es un espacio de recreación de realidades no tangibles, ocultas tras las apariencias de las cosas.*

Filibusteros es una trilogía de piratas, basada en la investigación de la historia de la piratería en los siglos XVI y XVII. Está concebida como una obra musical que se desarrolla en dos niveles: uno narrativo llevado por la música, y otro representativo, a cargo de los actores, en la escena. Un cantor, presenta las historias de personajes importantes de la piratería como *Olonés, el cruel,* Anne Bonney y Mary Reed, mujeres piratas o Misson y Caraccioli, los fundadores de *Libertadia,* comunidad libre y pacifista.

Literatura dramática escrita por un hombre de teatro, actor y director de oficio. Su experiencia se refleja en la agilidad de su escritura, en las frases cortas, en los cambios de ritmo, en la estructura interior de la obra ordenada por actos y escenas. Su genio de poeta hace que estas obras sean, además de divertidas, profundas e inquietantes.

Buen provecho...

Lavinia Fiori

El Ángel Azul

Ópera Rock

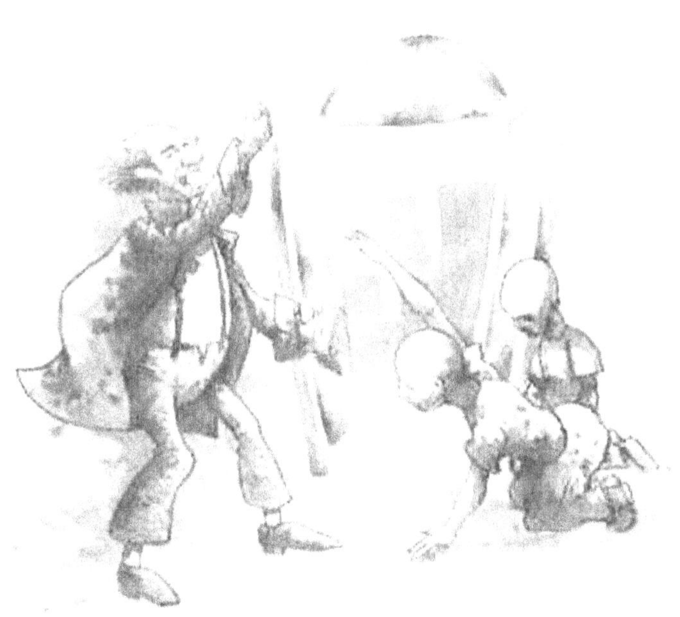

Personajes

El Amo

La Señora del Amo

El Juez

El Abogado

El Monigote

Doña Inés

El Chacho

Hugo

El Banquero

El General

Ana

El Ángel Azul

El Fantasma del viejo

El Fantasma de la vieja

Dos guardias

Cantores

Músicos

Coro

Muñecos: El cura, El político, Los ejércitos
Diapositivas

Escena

En la Ciudad de la Confusión.

Obertura

I
En la Casa del Amo

LOS CERDOS HUSMEAN, BUSCAN, PELEAN. LA SEÑORA DEL AMO LES DA LAVAZA. ENTRA EL AMO.

El Amo
¡Soy el príncipe de esta Tierra...!
¡Amo y dueño del planeta...!
¡Soy el jefe de las legiones...!
¡Dueño de la Casa de los Horrores...!

Cantores
¡Por allí corre el agua negra
y hay dos cruces pintadas en la piedra...! (Bis)

LLEGA EL CHACHO.

El Chacho
¿¡Me llamaba, Señor...!?

El Amo
¡Toma! ¡Y dile a los de tu legión
que pronto los llamaré para otra misión...!

LE DA UN FAJO DE BILLETES Y ATIENDE A LOS CERDOS.

Cantores
Pasa la semana entera
atendiendo la clientela...
Compra y vende lavaza
invierte en sus negocios...

II
Doña Inés
La Señora Historia

*DOÑA INÉS DANZA CON UN
LARGO ROLLO DE PAPEL
PERIÓDICO. LUEGO LO PASA POR
UNA MÁQUINA DE COSER.*

Cantores

¡El mundo... rueda como...
una roca.. por la ladera...!
¡Asesinatos en la calle Paredes...!
Se vio una sombra, dicen
los testigos... ¡Una cara...
cara roja...! Y bien abiertos...
blancos los ojos...! (Bis)

*CONTINÚA SU CANTO DE NOTI-
CIAS. SIRENAS, EXPLOSIONES,
LUCES, DISPAROS, GRITOS...*

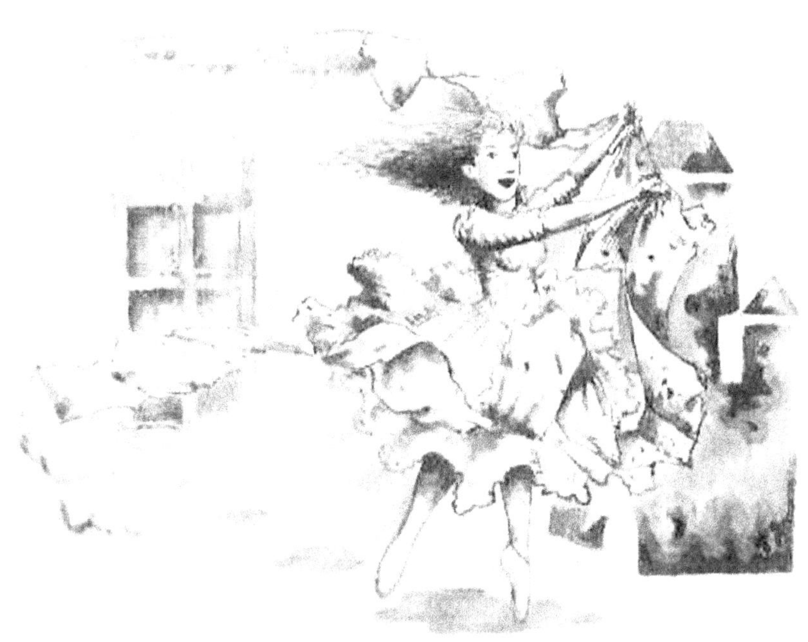

III
El Juicio

El Juez

¡Cada cual a su sitio...!

Los Ejércitos

¡Orden...! ¡Orden...!

El Abogado

No es necesaria una declaración de los hechos, ya está escrita...

Sinembargo, quiero preguntar al acusado, ¿¡cuál fue el motivo de su crimen..!?

El Ángel Azul

¡La inocencia...!

RISAS Y MURMULLOS.

El Abogado

¡Debo suponer, señor Juez, que se trata de pura defensa...!

El Juez

¡No implique señor Abogado...!

El Abogado

Lo siento, su Reverencia... Y pido permiso para interrogar a un sospechoso: ¡el Chacho...!

PASA.

El Chacho

¡¿Ustedes piensan que yo sé algo de todo ésto...?!

El Abogado

¡Usted conoce al acusado...!

El Chacho

Sí, lo conozco...

El Abogado

¡Siempre tuvo inclinaciones sospechosas...!

El Chacho

¡No entiendo...!

El Abogado

Da qué pensar, Sr. Juez...

El Juez

¿Qué...?

GOLPE A LA MESA.

¡Que siga el juicio...!

El Abogado

Ahora quiero llamar a Hugo de la Peña, su Señoría...

HUGO PASA.

Hugo

¡Venía bajando de la montaña cuando escuché a lo lejos disparos...!
¡Vi una columna de humo y un rayo abrió el cielo...!

El Abogado

¡Basta...!
¡Es suficiente, señor Juez
Este hombre ha visto lo que sucedía no sólo en la Ciudad, ¡sino...
en el firmamento...

RISAS. GOLPE A LA MESA.

Su Señoría, le pido que ahora declare Doña Inés...

PASA AL ESTRADO DOÑA INÉS.

Doña Inés

Hasta mí llegó esta noticia:
¡Una sombra bajó, por la esquina...!
¡Se oyeron disparos, allá arriba...!

El Banquero

INTERVINIENDO.

¡¿Una sombra...?! Excuse señor Juez mi atrevimiento, pero...

El Juez
¿Cómo...?

GOLPE A LA MESA.

El Abogado
Perdón, su Señoría, ¡que declare el señor de la Economía...!

El Banquero
¡La Economía... no anda bien...! El valor de la moneda...

Coro
¡Se infla, se infla..

El Banquero
Yo bajaba por la calle, del antiguo Palacio
cuando vi en los muros de la Catedral, ¡una sombra...!

El Cura
¿¡Una sombra...!?

El Banquero
Y unas voces que gritaban:

Los Ejércitos
¡A las armas, a las armas...! ¡A las armas, a las armas...!

El Banquero
¡Yo no fui...! ¡Eso es lo que quiero decir, su Señoría...! ¡Yo no fui...!

El Cura
¡Yo tampoco...!

El Político
¡Yo tampoco...!

El Coro

¡Yo tampoco...! ¡Yo tampoco...!
¡Fue usted...! ¡Fue usted...!
¡Yo tampoco...! ¡Yo tampoco...!
¡Fue usted...! ¡Fue usted...!

SE CULPAN UNOS A OTROS.
EL GENERAL, CON SUS EJÉRCI-
TOS, SE ADELANTA.

El General

¡Que viva la guerra...!

Coro

¿¡Qué...!?

El Abogado

Que declare el Amo, señor Juez...

GOLPE A LA MESA.
PASA EL AMO CON SU SEÑORA.
BARULLO.

El Amo

¡Ha llovido tanto...!

La Señora del Amo

¡Eso es mal presagio...!

Cantores

La señora abre su pecho...

El Amo

Cuando volví del extranjero
¡Todo estaba inundado...!

El Juez

¡Es verdad! Que continúe su relato...

El Amo

Hay que tomar severas medidas...
¡El fue...!

SEÑALA A EL ÁNGEL AZUL.

Cantores

¡El Amo se sonroja y tiembla...!
Algo tiene escondido, pero él mismo se delata,
es demasiado generoso con el agua...
¡Es demasiado generoso con el agua...! (Bis)

El Juez

¡Juzgado...! ¡El sospechoso es culpable...!

CONMOCIÓN.
LOS CERDOS TOMAN AL ÁNGEL
AZUL Y LO LEVANTAN COMO CHIVO
EXPIATORIO.

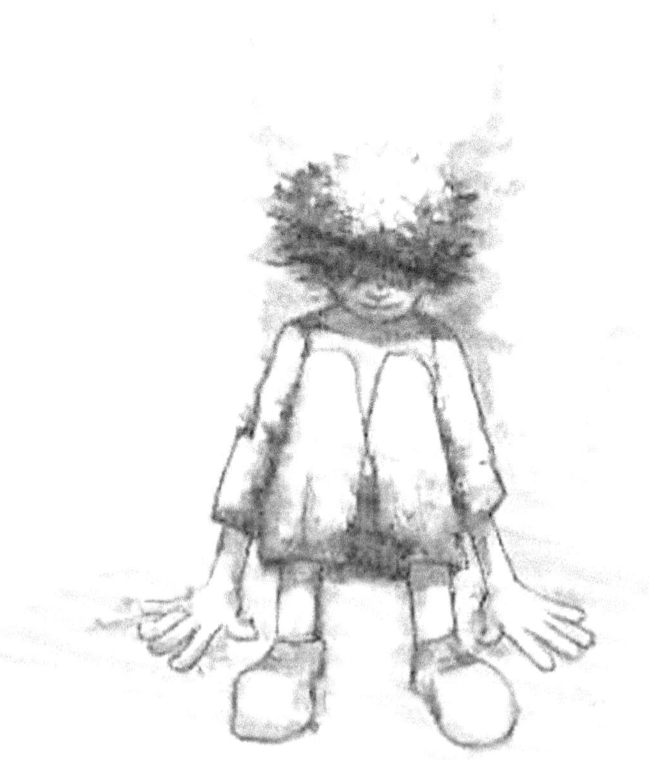

IV
Pantomima del Monigote
"Dedos Rojos de Papel"

*ANA Y EL ÁNGEL JUEGAN EN SU
CASA. LLEGAN LOS CERDOS.*

Voz

¡Entró a tu cuarto "Dedos Rojos de Papel"!
¡Un monigote pintado en la pared!
    ¡Es vigilante de un orden, no se qué...!
    Cara de hueso no tiene ya más piel...
¡Espía la noche, mercenario del poder...!
¡Sus ojos ciegos, huecos de no ver!
    ¡Es guardaespaldas del Muro de la Ley!
    ¡Cárcel de bocas, mordiscos al pastel...!
¡Llama al culpable, el sospechoso está de pie
y la sentencia la dicta el señor juez...!
    Tibias y fémur, garrote de la ley.
    Es condenado por sospecha de los pies.
    ¡Pájaros muertos alimento es de aquél
y el asesino se esconde en la pared...!
    ¡Sólo su sombra anda tras de él
    y lo persigue queriéndolo coger...!

El Ángel Azul

¡Nooo...!

Coro

¡Ja,ja,ja! ¡Pinta palomas en los muros de la ciudad!
¡Lo vi en la televisión, las llamas en las ventanas
al disparo del cañón...!

*DURANTE LA CANCIÓN ANA ESCAPA
Y EL ÁNGEL AZUL ES COGIDO POR
LOS CERDOS, GOLPEADO Y MON-
TADO EN UN POTRO DE TORTURA.
FINALMENTE LO LEVANTAN OTRA
VEZ COMO CHIVO EXPIATORIO.*

V
En la Cárcel

ENTRA UNA LUZ, SE ESCUCHA UNA MÚSICA; EL ÁNGEL AZUL SE LEVANTA Y CANTA.

El Ángel Azul

¡Serás perseguido...!

Cantores

Ruedan las rocas de las montañas
escucha sus gemidos...

ENTRA EL ABOGADO, CIERRA SU SOMBRILLA, SE COME UN BANANO, SE PONE LOS LENTES. DESPIERTA AL ÁNGEL AZUL.

El Abogado

Hay una ley de menores puedes enmendarte...

LO REPITE. EL ÁNGEL AZUL NO LE CONTESTA. EL ABOGADO SALE RENEGANDO. SE ESCUCHA UNA MÚSICA Y UNA LUZ ENTRA POR LA VENTANA.

El Ángel Azul

Una música del Cielo baja...

MIENTRAS...

VI
Ana en su Cuarto

*UNA LUZ ENTRA POR LA VENTANA
DEL CUARTO DE ANA, QUIEN SE
LEVANTA LLORANDO. CANTA.*

Ana

¡Van cargando las cadenas los justos...!
¡Presa llevan la inocencia
a cumplir con su condena...!(Bis)

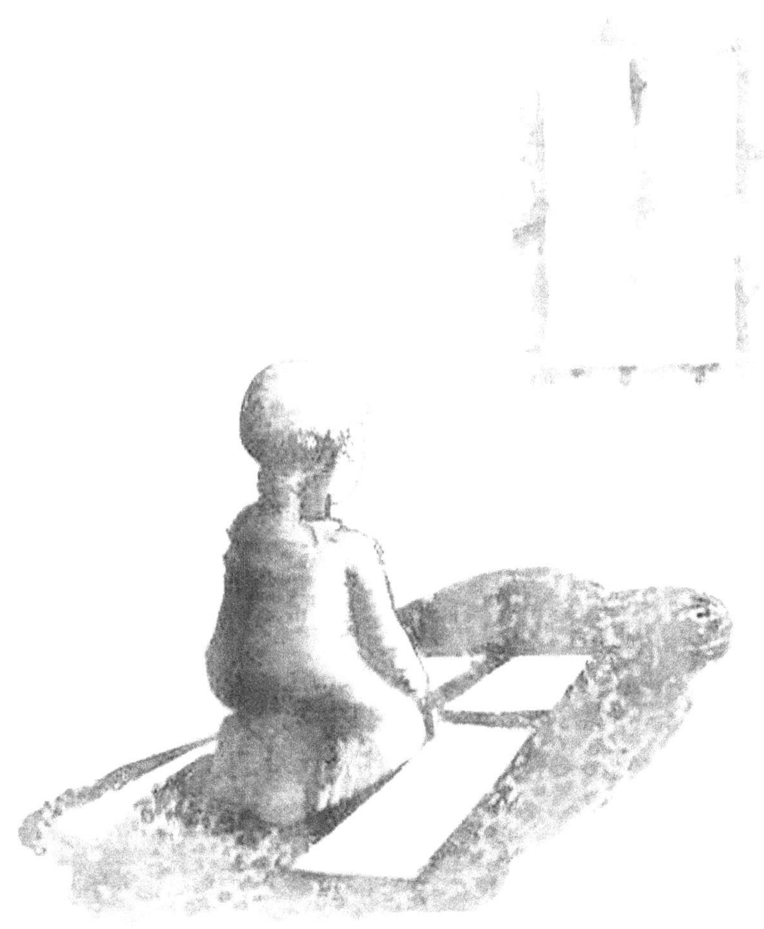

VII
Noche en el Corral de los Cerdos

*EN UN BURDEL, LOS CERDOS
BEBEN Y BAILAN.*

Cerdo Uno

¡Que se haga justicia...!

Cerdo Dos

¡El Amo está declarando...!

Cerdo Tres

¡El no dice la verdad...!

Coro

¡Nadie dice la verdad...!

Cerdo Uno

¡Llegó borracho el borracho pidiendo cinco tequilas y le dijo el
cantinero!:

Cerdo Dos

¡Se acabaron las bebidas...!

Cerdo Uno

¡La Justicia es una puta y está ciega...!

Cerdo Dos

¡El general canta en la guerra...!

Coro

¡Mierda...! ¡Mierda...! ¡Mierda...!
¡Bailemos todos en la mierda...!
¡Lavaza, lavaza...! ¡Naden en lavaza...!

Cantores

¡Redondos, gorditos, apetitosos los cerditos...! (Bis)

Coro

¡Ja, ja, ja...! ¡Arden los Muros de la Ciudad...!
¡Ja, ja, ja...! ¡Nadie dice la verdad...!

Intermedio musical

VIII
Los Fantasmas

El Fantasma de la Vieja
¡Shhh...! ¡Duermen...!

El Fantasma del Viejo
¡Shhh...! ¡Sueñan...!

El Fantasma de la Vieja
¡El está contando las monedas...!

El Fantasma del Viejo
¡Ella hace planes con las tierras...!

El Fantasma de la Vieja
¡El mira las ovejas y las cuenta...!

El Fantasma del Viejo
¡Ella mira complacida las cruces en la piedra...!

Cantores
¡Ay! ¡Las cruces pintadas en la piedra...!

Los Dos Fantasmas
¡Ay! ¡Dolor del alma...! ¡Ay! ¡Dolor de piedra...!

El Fantasma del Viejo
Ella va por el monte, buscándolo y pasa por el camino
de las yeguas, y lo encuentra discutiendo.
Le dice regresemos y ¡lo trae...!

El Fantasma de la Vieja
¡El dice ser el dueño de la tierra...!

Cantores

¡Y un rayo de luz abrió el cielo...!
¡Ay, dos cruces en la piedra...!
¡Ay, dolor del alma...! (Bis)

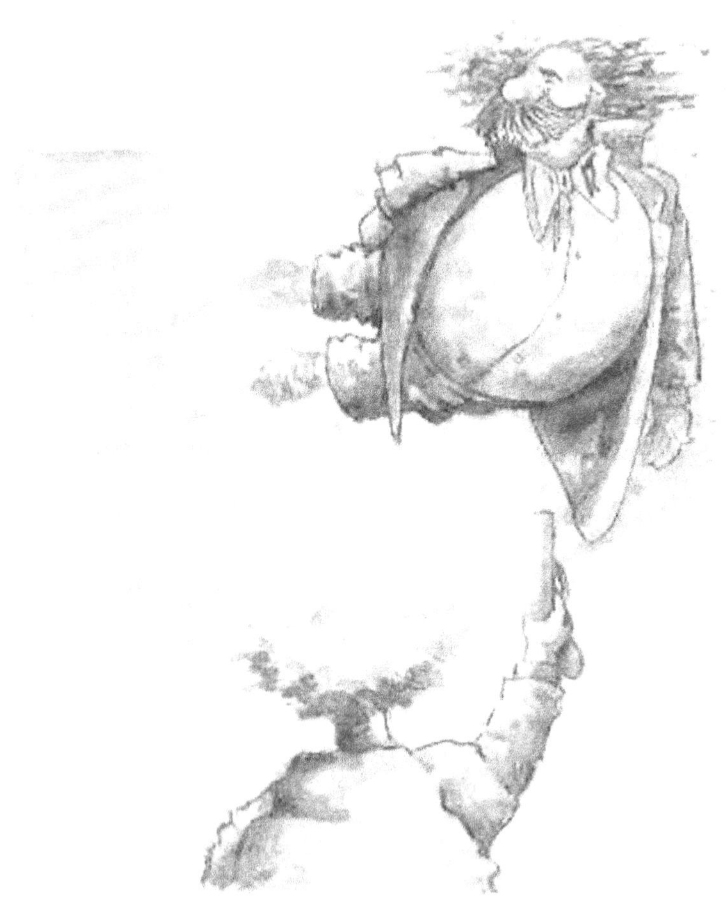

IX
Los Guardias

Guardia Uno

¡Una luz abrió el cielo, cuentan...!

Guardia Dos

¡Esa noche estábamos en la taberna
cuando oímos la voz de Andrés...!

Guardia Uno

Yo, me guarecía de la lluvia bajo el árbol de los sueños...

Guardia Dos

"Cuando rodaron las piedras ya no estaba...".

Guardia Uno

¡Mira una estrella...!

Guardia Dos

La noche es larga...

Coro

¿Cuándo terminará...?

X
El Ángel Azul

El Ángel Azul
¡Soy Ángel Azul montado en Caballo Blanco...!

Coro
¡Que vengan siete niños...!
¡Que vengan por el agua...!
¡Que vengan siete ángeles...!
¡Que vengan por el aire...!

Fin

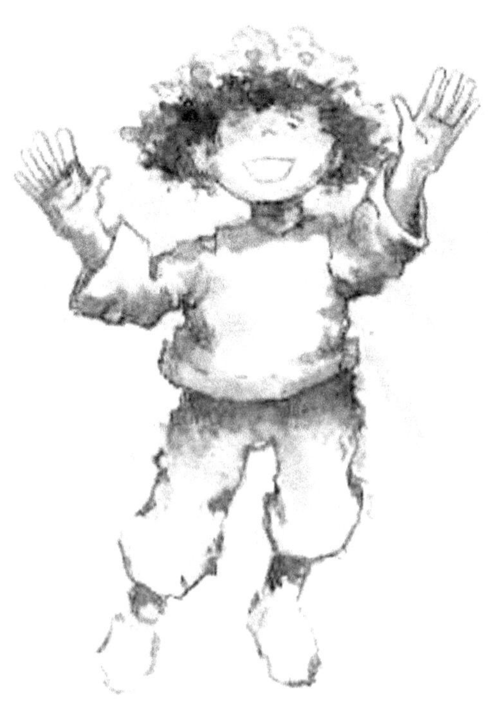

Filibusteros

-Trilogía de piratas-

Olonés, el cruel
Amor pirata
Libertadia

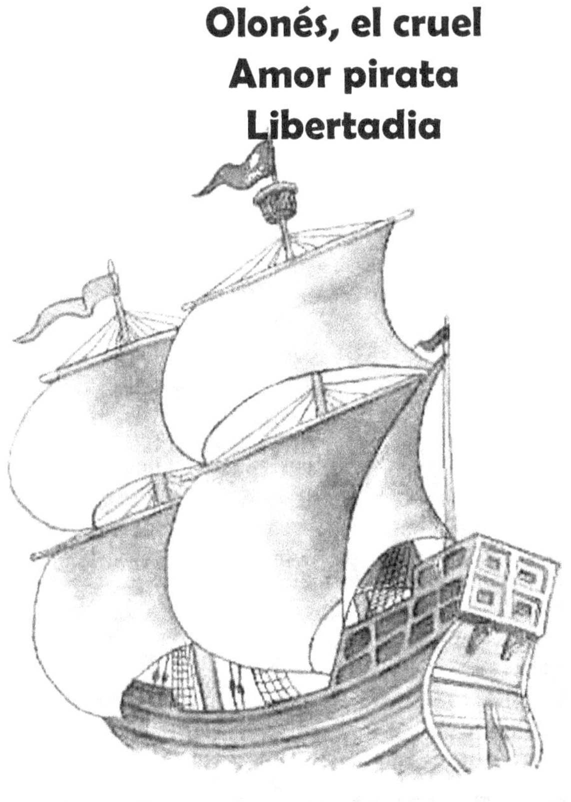

Los hechos escritos pertenecen a la historia del filibusterismo de los siglos XVII y XVIII en el Mar Caribe y en Madagascar. Fueron narrados por Defoe, Stevenson, Salgari, J. y F. Gall, Miramón, Leyoi, la Enciclopedia del Mar Garriga, la Historia Extensa de Colombia, Jorge Luis Borges y demás cofrades.

Olonés, el cruel

Personajes

Juan David Nau, el Olonés, pirata francés.
Don Francisco Acevedo y Pedraza, capitán español.
La Loca, mestiza de Jamaica.
Cantor.
Músicos.
Coro de Piratas.

Escena

Silueta de un barco. Al otro lado, un puerto.

I

*DON FRANCISCO ESTÁ AMARRA-
DO AL PALO MAYOR . SOBRE SU
CABEZA CUELGA UNA BANDERA
NEGRA.
LA LOCA DA VUELTAS ALREDEDOR.
MÚSICA.*

Cantor

A finales del siglo diecisiete, en la Isla de la Tortuga,
entre Cuba y la Española, esperaba impaciente
el pirata francés Juan David Nau, más conocido por "El Olonés".
El cruel filibustero era jefe, en 1668,
de la "Cofradía de los Hermanos de la Costa",
poderosa unidad pirata y libertaria
que desolaba los puertos del Caribe
y asaltaba los buques españoles
que llevaban el oro indio a Europa.
En la isla, fortín de la cofradía,
tenía preso, el temible corsario,
a Don Francisco Acevedo y Pedraza,
capitán del galeón "La Esperanza".
El pirata, insatisfecho con su asalto a Maracaibo
dos años antes, buscaba ahora

un nuevo botín en Cartagena de Indias.
Y como era usual en sus correrías,
lo acompañaba una loca, mestiza de Jamaica,
mujer errante y misteriosa...

El Olonés

No nací en Sables D'Olon,
ni tuve como padre a un mercader honrado.
No fui expulsado de mi casa por ladrón,
ni raptado en el puerto por borracho.
No nací para contramaestre, ni almirante, ni gobernador.
Yo nací libre y solo, digo, sólo con mi perro,
cuando nací filibustero. Como carne ahumada de jabal
y pescado seco. Soy montaraz, sé lo que es la noche
en el campo abierto. Asalté la ciudad de Maracaibo
con ocho barcos y seiscientos corsarios. Yo soy la sombra,
dicen, la Sombra Grande de Henry Morgan, el almirante.

La Loca

Lleva una andanada de cuchillos.
Es de los otros, de los que bailando
se emborrachan en el puerto
y le cogen las tetas a las perras.
Les dicen: "El mundo es una porquería!"
¡Emborráchense en sangre, malditos...!
¡Es la nave perdida en medio del océano!
¿Para dónde van? Son marinos sin rumbo.
¿Y las islas...?

El Olonés

ACABA DE COMER.

Eso digo yo:
"¡Beber, comer y matar el tedio...!"

Coro de Piratas

¡Comer y matar el tedio...!
¡Beber y matar el tedio...!

La Loca

¡Los tontos juegan a la ronda!
¡El gigante come costilla!

Volveré a soñar los mismos sueños
por si fueron mal soñados
o fueron sólo sueños...

El Olonés

"El sol brilla para mí como para los demás",
 -dijo Francisco el Rey...-
¡Me interesa ver la cláusula del testamento de Adán
excluyéndome de una parte del mundo...!

Cantor

"¡El oro, la caca del loro...!
¡El Rey de las Indias, un toro...!" (Bis)

*JUEGAN AL TOREO.
EL OLONÉS IZA LA BANDERA Y SE
DESCUBRE EL ROSTRO DE DON
FRANCISCO.*

El Olonés

¡O me dice cuando zarparán de Cartagena de Indias
los barcos del almirante Hernández
o usted va a conocer el filo de mi cuchillo...
¡Si tuvo la desgracia de ser español, son cosas del destino...!

Don Francisco

¡La Tortuga, isla de la plebe inglesa y francesa
que fracasando en su patria viene a robar en nuestras tierras...!

El Olonés

MUESTRA EL CUCHILLO.

El acto de un hombre libre...

Coro de Piratas

¡Libre...! ¡Libre...!

Don Francisco

¡Las leyes! El Rey de Francia mira de soslayo la corona del Nuevo
Mundo. El pillaje de los señoritos de Francia los ennoblece:
¡Piratas!

La Loca

La cena del gusano nunca termina...

Don Francisco

No hay ley que sirva. No hay religión que los ponga de rodillas.
¡Cobardes!
El mundo es de los honrados. ¡Rata!
América es de Portugal y España...

La Loca

El sol no volverá a salir...

Don Francisco

¡¿Dónde fuí a parar yo, nieto de un capitán de la Armada Invencible...?!

El Olonés

Sólo los idiotas se creen dueños de algo...

La Loca

El uno por tirano y el otro por pirata....

El Olonés

Alguien piensa que los tiempos son la patria.
Alguien vive de las hojas de los libros...

TIRA EL EDICTO.

¡Las leyes del cuchillo, Don Francisco,
las leyes del cuchillo...!

La Loca

El come despacio, cree tener buen apetito...

El Olonés

Cartagena le hará memoria, Don Francisco...

La Loca

Los pelos del capitán tienen las puntas de hierro...

Don Francisco

¡Nadie saldrá de Cartagena de Indias...!
¡No tengo la lengua larga ni me gusta abrir la boca!

El Olonés

¡Tanto mejor! ¡Así sabremos de mi adivina
lo que predice su tripa mayor...!

LE MARCA UN CÍRCULO EN EL
PECHO.

La Loca

Los secretos del corazón...

(MÚSICA)

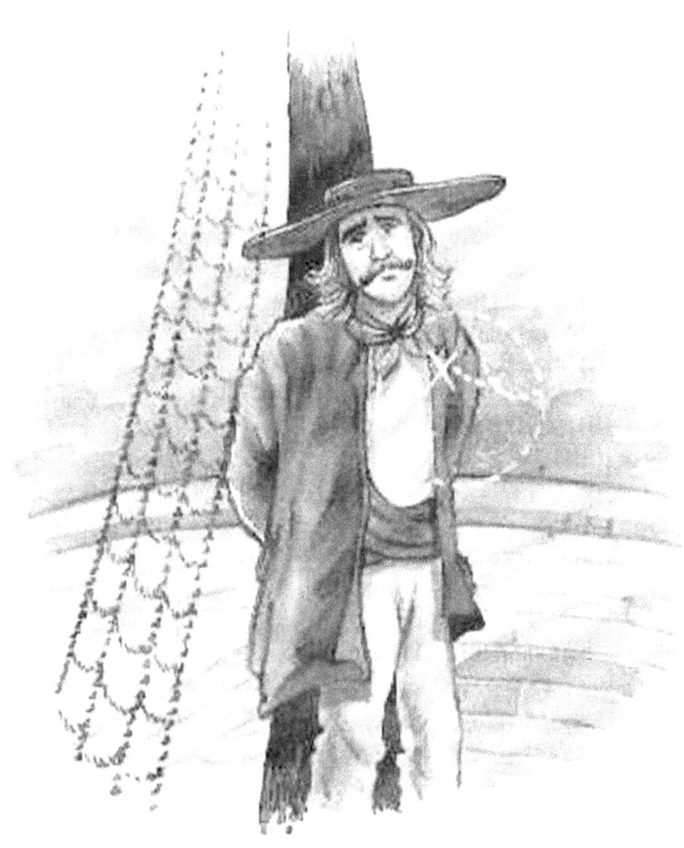

II

Cantor

Sueña el filibustero que en algún barco pirata el palo mayor
es hueco...

Escondite de un tesoro secreto. Y aunque es un sueño de un
buque fantasma no hay marinero en el mundo que no haya visto
en el alba su palo mayor y sus velas infladas...

El Olonés

Si tiene por cierto que de Cartagena no zarpan, yo tengo por
cierto...

LO GOLPEA

La Loca

El dolor, el que sabe amargo y sin embargo agrada...

El Olonés

Para tener paciencia, el olvido... En Maracaibo, un capitancito
me puso cáscaras de plátano. ¡Para que aprendiera, me senté
tres semanas a las puertas de la Gobernación, mostrándole
quién era yo...!

Don Francisco

¡Uno manda donde le obedecen...!

El Olonés

¡O donde puede...! ¡El que muerde es el que manda!
¡El que no tiene dientes... mama!

La Loca

¡O chupa, como las serpientes...!

Don Francisco

¡No diré nada...!

El Olonés

O calla como las tumbas...

La Loca

De los cangrejos, en la arena...

MÚSICA.

III

Cantor

¡Nadie es dueño del navío, nadie es dueño del pirata...!
¡La ley no es ley de juez, la ley es cara a cara...!

El Olonés

En el buche de la ballena nadaban los pescaditos
con los ojos cerraditos... Alguien dice: "¡Duermen!"
Cuando la gaviota picotea los ojos del cangrejo
da muestra de buen apetito...

La Loca

¿Somos cabras en las rocas masticando las yerbas del olvido?

El Olonés

¡Dame tu huevo de oro...!
¡La fruta prohibida...!

*LE CLAVA EL CUCHILLO EN EL
PECHO, LE SACA EL CORAZÓN Y
LO MUERDE. LUEGO SE LO DA A
LA LOCA. MÚSICA.*

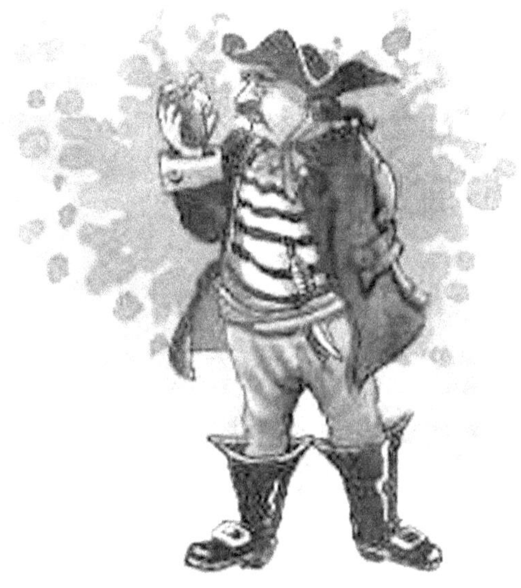

IV

Cantor

Por la pérdida del brazo derecho,
seiscientas piezas de ocho o seis esclavos.
Por la pérdida de la pierna derecha,
quinientas piezas de ocho o cinco esclavos.
Por la pérdida de un dedo,
cien piezas de ocho o un esclavo,
Por la pérdida de un ojo,
cien piezas de ocho o un esclavo.
¡Por un corazón de España no hay precio de mutilado...!

La Loca

LEYENDO EN EL CORAZÓN.

La tortuga camina lentamente...
¡Impacientes, los lagartos, son disueltos por el sol...!
A la deriva, estas islas, como barcos náufragos,
no encontrarán un puerto antes de que salga el sol.
La Mujer de Oro se perderá en la bruma,
en las aguas de la laguna sin fondo...

El Olonés

¡Vieja del demonio...!

SALE CORRIENDO.

La Loca

CON EL CORAZÓN.

Olonés, el Cruel, asaltará un galeón en Cartagena de Indias.
Obtendrá un botín: ¡siete cargas de papel y novecientas barras
de hierro! Sus piratas lo abandonarán y tratando de regresar a
la Tortuga, ¡Caerá en manos de los indios del Darién!
¡Será amarrado al tronco de un árbol, descuartizado y comido
en la fiesta lunar de la tribu...

SUENA LA CAMPANA.
LA LOCA DANZA CON EL CORAZÓN
EN EL CUCHILLO.

Cantor

Olonés, el cruel y el conquistador Don Francisco
buscaban los secretos a golpes de cuchillo.
Sólo que ellos, ocultos en el corazón de las cosas,
vengaban a su tiempo la infamia y sus beneficios

*LA LOCA DANZA CON UNA
MARACA.*

Fin

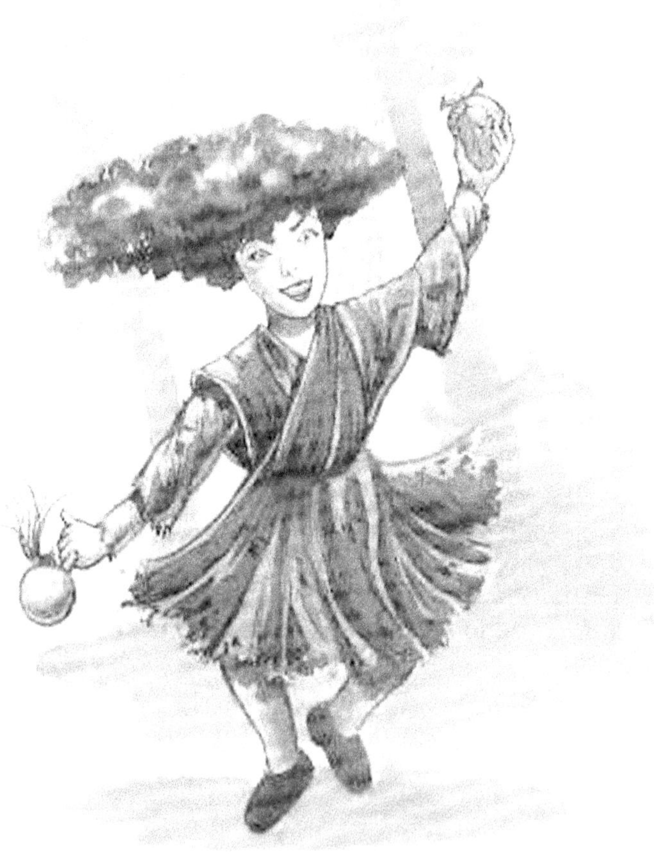

Amor Pirata

Personajes

Anne Bonney, alias "Bonn".
Mary Read, alias "Billy".
Jack Rackman, alias "El Hortera".
Músicos.
Cantor.
Coro de piratas.

Escena

Jack, con pantalón rayado, se prepara para zarpar.
Anne en el puerto.

I

MÚSICA.

Cantor

Anne Bonney vino del Sur de Carolina
viajó por Cuba y en 1708 llegó a Jamaica.
Rackman, alias el Hortera era un filibustero
de pantalón rayado casi un héroe de padre inglés y madre
cubana.
Jack conoció a Anne en una taberna de Port Royal
y después de cuatro litros de vino y un juego de cartas,
se enamoró de ella. Anne le correspondió...

Anne

El mar es más ancho que un abrazo...
Sólo que a veces, ahoga.
¡A los trece años, Cora, la institutriz,
quizo hacer de mí... una señorita decente
y lo pagó con catorce puñaladas!
Mi padre, que tenía seis mil seicientos naranjos,
rompió mi herencia sin decirme nada.
Desde entonces viví en Charleston,
en el puerto, con Jimmy, el delator del capitán Kidd.

¡Le escupí a la cara! Me dediqué a los naipes
y a los filibusteros..
¡Conozco las aguas del Caribe,
sé lo que es cocinar una ensalada de tiburón con huevo!

Jack

CANTA.

¡El mar es más fuerte que la muerte...!

Anne

Pero con sal...

Jack

Adiós, Anne.

Anne

El que se va, no recuerda...

Jack

¡Las olas no dejan huellas...!

Anne

¡Es un hueco tan grande que allí navega cualquiera...!

Jack

¡Volveré...!

Anne

¡No...! ¡La diferencia son los trapos, sólo los trapos!
¡Jack, sé rebanar el cuello de un comandante...!

LO GOLPEA.

Jack

¡No sólo con pantalones se navega...!

Anne

¡Llévame, Jack...!

JACK SUBE AL BARCO Y LE TIRA UN BULTO DE ROPA. ANNE SE VISTE DE PIRATA Y SUBE. RÍEN. JACK LE ENTREGA UN CUCHILLO Y LE ENSEÑA UN PERGAMINO.

Jack

¡Mira...! ¡El mapa del tesoro del capitán Morgan...!

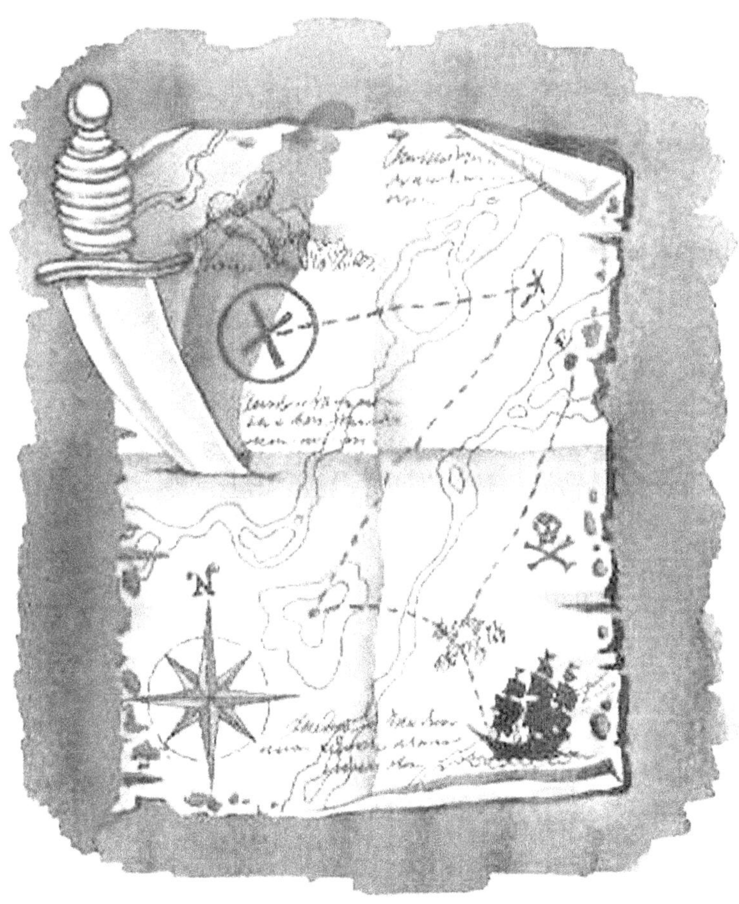

II

MÚSICA.

Cantor

¡Amar hace pequeño el mar...!
Anne y Jack conocieron el archipiélago
del Gran Caimán y la Isla del Cisne.
Soñaron con el tesoro del Capitán Morgan,
su campana de plata y su cáliz de oro,
escondido en las selvas de Panamá.
Navegaron hacia el Sur y en la isla de Providencia,
antes de partir, una noche...

Anne

El mar es un vientre oscuro y profundo...

Jack

¡El mar es un desierto donde mueren los débiles...!

JACK OTEA EL HORIZONTE CON UN CATALEJO.

¡Oscuro, sí...!
Las naves de Puerto Cabezas no se divisan.
Zarparon a Puerto Limón hace dos días con un cargamento:
¡Más de ciento cincuenta mil de las esterlinas...!

Anne

¡Es un vientre donde voy a tener tu hijo, Jack...!

JACK LA GOLPEA.

Jack

¡Zorra! ¡Yo no tengo anclas...!
¡Un hijo se pare en tierra...!
¡El que nace en el mar
vive en zozobra...!

JACK SUBE AL BARCO.

Anne

¡Traidor...! ¡Traidor...!

III

MÚSICA.

Cantor

Jack, en su solitaria travesía, soñó ser el famoso
capitán Singleton,derrotando al Gran Mongol
y raptándole su increíble tesoro, su harem y su hija.
Soñó que Anne, como la princesa de la leyenda,
loca de amor por él, lo esperaría eternamente rejuvenecida...
Pero Anne, en la isla, maldecía...

*ANNE SE CAMBIA DE ROPA. BILLY
LA OBSERVA A UN LADO.*

Anne

¡Cuando vuelva a tierra le cortaré el cuello...!
¡Los pantalones del capitán, la camisa del capitán,
el cuchillo del capitán...!
¡Un tiburón con pantalón rayado y yo, su ballena...!

BEBE.

Billy

Así son ellos, los piratas...

Anne

Los pantalones del capitán
yo los conozco, sé cómo aprietan...
Yo soy Anne, Anne Bonney de Carolina
y sé preparar la ensalada de tiburón con huevo...

Billy

Quien sabe matar, sabe de cocina...

Anne

¡Los huevos del capitán...!

Billy

¡Son duros para un grumete!

Anne

Yo fui capitán con pantalón y tuve un mosquete.
Abordé un galeón con sable y atravesé cuatro almirantes.
Me llaman "Bonn", y usted..., ¿quién es?

Billy

Otro... de pantalón.

Anne

¡Como el Hortera...!

Billy

Billy, me digo...

Anne

¿Billy...?

Billy

Billy sin navío...

Anne

No hace falta tener un casco para navegar...
Yo recorrí las Antillas desinflando velas...
¡Ahora soy ballena...!

ENSEÑA LA BARRIGA.

Billy

El que se va, no recuerda que hay otros que pisan tierra.

BEBEN.

Yo también fui pirata...

Anne

TIRA LA ROPA.

¡Fuera esos trapos...!

Billy

SALIENDO.

Cuando tengas ensalada,
me llamas...

Anne

¡Espera, Billy...!
Aunque seas como el Hortera, no tienes rayas en las piernas...

Billy

¡Nado como un tiburón...!

Anne

En la noche, Billy,
en la noche jugaremos al tiburón...

Billy

Yo, a las cartas, juego al sangriento...
¡A las ocho en el puerto, Bonn...!

SALE.

Anne

"¡Cuando se marcha el Hortera
otro me espera en tierra...!"
¡Otro me espera en tierra
cuando se marcha el Hortera...!

SE VA.

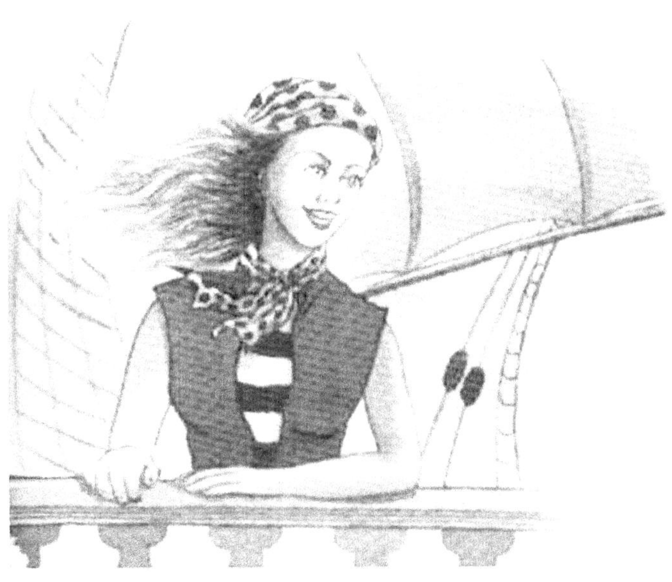

IV

MÚSICA.

Cantor

El Capitán Rackman se internó con cuatro corsarios
en las selvas de Panamá. Días y noches caminaron
entre manglares, riscos y pantanos, luchando contra fabulo-
sas
bestias, hasta que un día encontraron la esbelta palma
donde yacía el tesoro de Morgan.
Delirando de avaricia, el cruel pirata asesinó uno a uno
a todos sus compañeros...Y al abrir el cofre cayó deslumbrado
por una terrible visión: una turba de fantasmas de piratas
y conquistadores lo atacó... Y entonces, ¡apareció una peque-
ña
Mujer de Oro, que se convertía en dragón!
Arrepentido, regresó en busca de Anne,
pero Anne, harta de Jack, pensaba en Billy
y en el juego de cartas de esa noche...

Anne

¡Que se muera el Hortera
Billy me espera...!

*ENTRA BILLY. MÚSICA. DANZAN,
BEBEN. JACK DESEMBARCA Y
OBSERVA LA ESCENA.*

Billy

¡Hasta el fondo...!

Anne

¡No te apures, Billy!
Sobre hombres, sé todo...

Billy

Los piratas de pantalón sólo saben de cuchillos...

Anne

El oro se guarda en las cavernas...

Billy

No siempre hay caimanes en los pozos...

Anne

¡Culebras...!

Billy

Para mí, el alcohol...

Anne

¡Bésame, Billy...!

ANNE SE ACERCA A BILLY. JACK, SORPRESIVAMENTE, LO ATACA.

¡El Hortera...!

Jack

¡El capitán Rackman...!
¡Si voy y vengo por el mar no es para encontrar
un sapo en mi cama...!

SACAN CUCHILLOS, PELEAN. JACK CAE APUÑALADO. BILLY HA PERDIDO EL SOMBRERO Y DEJA VER SU CABELLO DE MUJER.

Anne

¡¿Billy...?!

Jack

¡El fantasma de Anne...!

MUERE.

Mary

¡Soy Mary Read...!
Peón de la caballería en Flandes.
¡Hecha hombre en el ejército francés
y pirata en un asalto...!
¡Sé del cuchillo y su ley...!

Anne

¡¿Billy...? ¿Mary...?!

Mary

¡Esa soy yo...!

V

MÚSICA.

Cantor
Jack, el Hortera quizo más al fantasma de Morgan
que a Anne. Y Anne, tan sola como Jack, quizo que Billy,
tan solo como Mary, fuera su otro Jack, el héroe.
Anne y Mary navegaron juntas, como piratas, como mujeres.

Anne
Mucho me disgusta verte en este estado;
pero si hubieras combatido como un hombre
no te habrían apuñaleado como a un perro..!

Mary
¡Si los cobardes no fueran acuchillados
no los dominaría el miedo y entonces,
los mares estarían llenos de ellos...!

MÚSICA

Fin

Libertadia

Personajes

Misson, pirata francés.
Caraccioli, monje dominico, pirata italiano.
Caníbales de la tribu de los Malgaches de Madagascar.
Músicos.
Cantor.
Coro de piratas.

Escena

Misson cose una bandera blanca y Caraccioli,
a un lado, escribe una carta con pluma y pergamino.
A la derecha, un grupo de caníbales.

I

MÚSICA.

Cantor

En la isla de Madagascar, al sur de Africa,
ruta de piratas, a principios del siglo XVIII,
dos extraños filibusteros fundaron una comunidad
"Libertadia". Uno era el capitán Misson,
francés de Provenza, hombre grande e inocente.
El otro era un monje dominico, Caraccioli,
vuelto pirata por fuerza del destino
y creyente de las ideas libartarias
que en ese siglo se agitaban en Italia.
Aunque el capitán Misson había contraído
matrimonio, para ejemplo del racismo blanco,
con la hija del jefe de la tribu de los Malgaches,
furibundos nativos de esa tierra, acostumbraba,
por principio comunitario, a realizar los oficios domésticos
Caraccioli, no tan práctico, le ayudaba de vez en cuando,
ya que dedicaba su tiempo a escribir y a soñar...

Caraccioli

LEYENDO.

"Abril 6 de 1713. Bahía de Diego Suárez. Libertadia.
Hace ocho años recibí en Martinica sus últimas noticias, pero me fue imposible contestar. Viajé por las Antillas, conocí la crueldad del español, pero también la lucha de millares de hombres libres. En esas islas hay pocos italianos. Esta nueva vida me ha llevado a vestir ropas de corsario; siembargo yo sigo siendo el mismo. Aquí, en Madagascar, hemos fundado una comunidad libre.
Misson fue nombrado capitán y yo, contramaestre.
Los últimos tres años los he pasado en el mar, liberando esclavos negros de los buques holandeses y repartiendo el botín por igual. No hemos hecho ningún prisionero. Un barril de vino dura hasta dos semanas.
En algunas islas hemos encontrado hombres que quieren vivir en paz. Muchas tardes, en la calma del mar, me llegan a la memoria sus ojos. Espero que me escriba pronto. Dios la bendiga, su hijo, Paolo."

ENROLLA EL PERGAMINO. MISSON TERMINA DE COSER. MÚSICA. BAJA LA BANDERA NEGRA E IZA LA BLANCA.

Caraccioli

Capitán Misson: he aquí la carta para la mía mamma...

SE LA DA.

Misson

Tal vez, cuando pase la flota de Nápoles, puedas enviarla..

Caraccioli

Antes de quince días estarán cruzando; entonces se verá el casco reventando contra las altas olas y las gaviotas picando...

Misson

Anoche soñé que te bañabas en un barril de leche.
Yo estaba en la popa con una copa de espuma... Llovía...

Caraccioli

¡Qué extraño. Hace tiempo que no sueño...!

II

MÚSICA.

Cantor

Las tardes en Libertadia eran largas,
había paz, pero había tedio...
La época de los grandes viajes terminaba.
Misson y Caraccioli vivían su sueño:
Una sociedad libre en una isla remota.
Sólo que los grandes sueños culminan
en las pequeñas cosas...

*MISSON PELA PAPAS. CARACCIOLI
LEE. POCO A POCO LLEGA UNA
PLAGA DE MOSQUITOS.
CARACCIOLI, DE PRONTO SE LE-
VANTA DELIRANDO.*

Caraccioli

¡Oh, Divina Comedia...!
¡Dante Alighieri...! ¡Virgilio...!
¡No me lleves al infierno...

RECITA UNA ESTROFA.

¡Dante...! ¡Beatriz...!

Misson

FUMA.

En el monte, dicen, prende el tabaco.
El arroz brota en los pantanos...

Caraccioli

Las orillas de arena...

RECITA VERSOS.

Misson

La harina del botín se ha terminado...
No hay sal para la sopa...

Caraccioli

Pues tomaremos sopa del mar...
¡Abrete mare...! ¡Abrete Neptuno...!
¡Oh, la tempestad se aproxima...!
¡Miranda! ¡Próspero...! ¡William.!

A LO LEJOS SE ESCUCHA EL RU-
MOR DE LA TEMPESTAD.

Misson

¡Caraccioli...! ¡Caraccioli...! ¿No sabes las últimas noticias?
¡Los piratas de Inglaterra fundaron un banco, ja...!

Caraccioli

¿Un banco...? Pero..., ¿para qué un banco?
Yo tengo con mi banco...

SE SIENTA.

Misson

¡Caraccioli...! No hay leña....

Caraccioli

¡Ah, la libertad de los pájaros...!

Misson

¡Caraccioli... no hay leña!

Caraccioli

Piccolo problemi...
Voy a buscarla, pero sólo per hoy...

SALE HABLANDO SOLO.

III

Cantor

Los filibusteros sueñan de tarde en tard
con un país maravilloso y lleno de promesas,
donde los ríos serpentean y la hierba crece pareja,
donde el aire es fresco y son de oro..., las piedras.

Misson

"Soy pirata y navego en los mares
donde todos respetan mi voz..."

Jimmy

"Cuando vuelva yo a la mar
no habrá un tiburón al acecho..."

Misson

"Los hermanos del pirata no tienen color ni patria..."
¿Y Caraccioli...? ¡Debe estar en la playa del Viento!
¡Voy a buscarlo...! ¡Caraccioli...!

IV

MÚSICA.TEMPESTAD.
ENTRAN LOS CANÍBALES CON
TOMATES Y CEBOLLAS.
PREPARAN LA SOPA.

Cantor

Misson, no busques más a Caraccioli.
Caraccioli naufraga en la sopa.
Caldo de pirata...
Caldo de pirata...

CANTOS. TRUENOS. ENTRA MIS-
SON Y DESCUBRE A CARACCIOLI.
LOS CANÍBALES, AMENAZANTES,
GRITAN. MISSON, ATERRADO,
HUYE. TORMENTA.

Misson

¡Que me parta el Cielo...!

CAE UN RAYO Y LO PARTE.

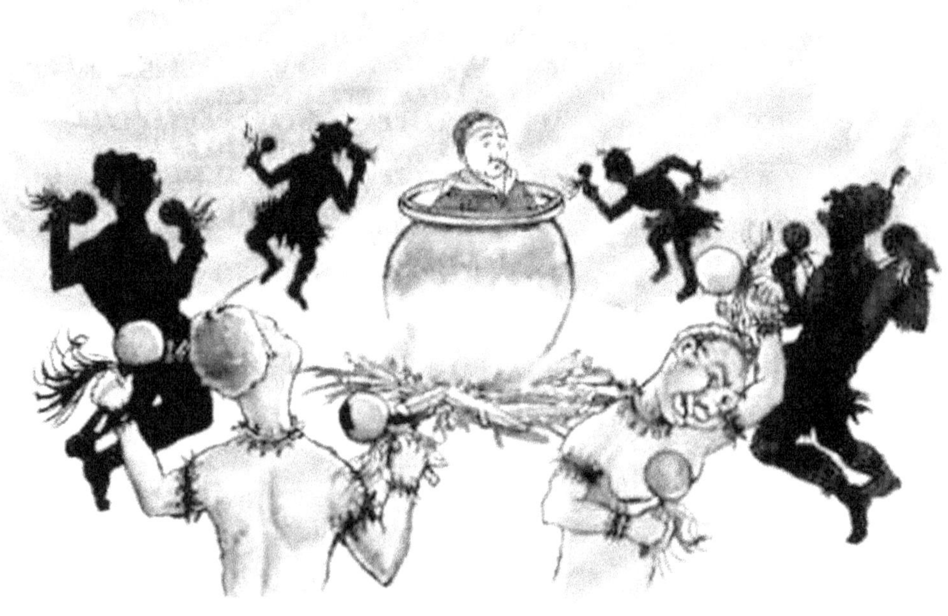

V

MÚSICA.
LA TEMPESTAD CESA.

Cantor

El capitán Misson murió fulminado por un rayo
de la tempestad que azotó ese 6 de abril de 1713
el Canal de Mozambique. Había fundado Libertadia
y perecía por orden del Cielo.
La madre de Caraccioli recibió, dos años más tarde,
la carta.

La Madre de Caraccioli

LEYENDO.

"...Espero que me escriba pronto. Dios la bendiga.
Su hijo, Paolo."
¡Qué hermoso el sueño de mi hijo,
pero qué fastidio el calor y los mosquitos...!

LOS CANÍBALES TOMAN SOPA.
MÚSICA.

Fin

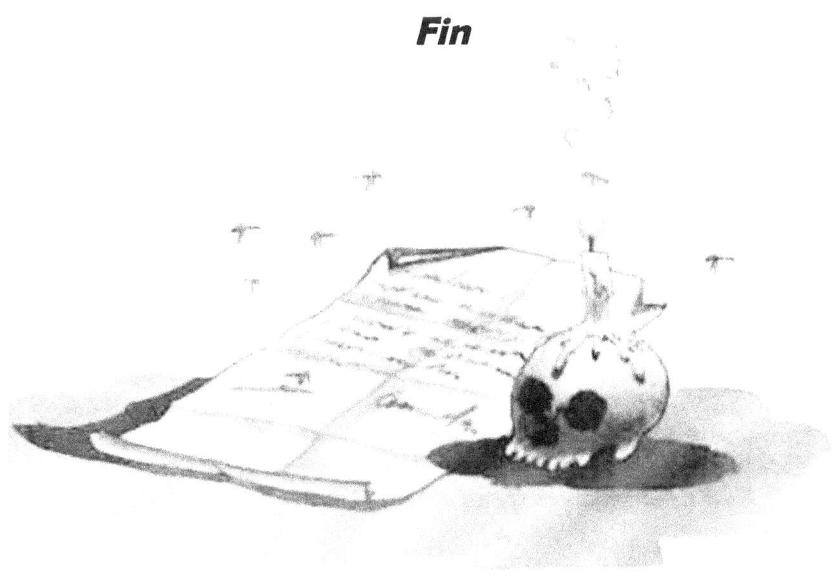

Sabbat

Fausto

*¿Ves ese perro negro que divaga
por entre el trigo y los rastrojos?*

Goethe

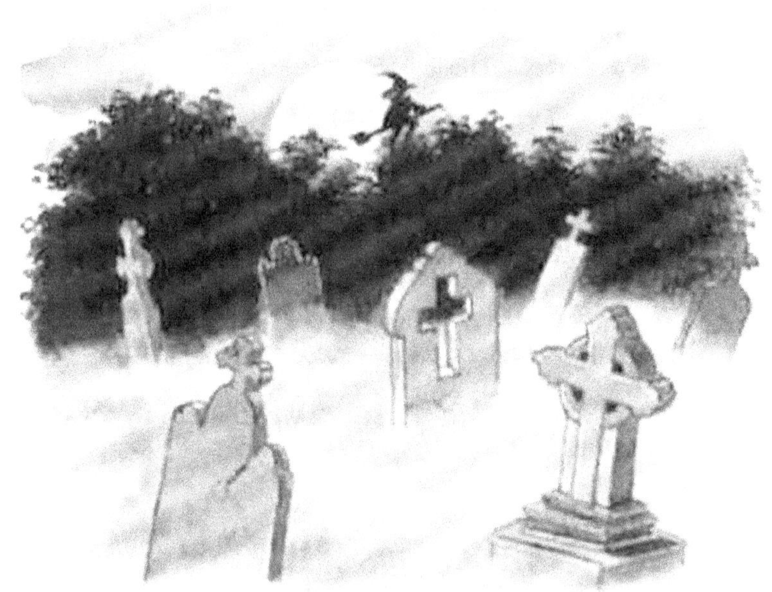

Personajes

Amalia	Gertrudis	Rosamunda
Roberta	Brujas	Dogo
El Perro	Hernando	Artesano
Miguel Actor	Pintor	Francisco
El Demonio	Ana	Actriz
Mefistófele	Un retrato en pintura	Fausto
Una Viejita	Títeres	La Vecina

Escenas

En el cementerio y en la casa de Hernando.

I Escena

LAS BRUJAS EN EL CEMENTE-RIO.

Amalia

!Oeeeeeeee! ! Oeeeeeeee! ! Claque, Claque....Oeeeeeeee!

PELEA CONTRA UN FANTASMA.

¡Fuera, maldita ánima del purgatorio!
¡A los infiernos, terrible espantajo
¡En el camino de las sombras donde yace el corazón muerto
del asesino bajo el árbol seco! Oee... Oee!

Gertrudis

¡Encrucijadas de los caminos! Filos de los puentes!

Rosamunda

¡Viento...! Alaé, sopla alaé...!

Roberta

¡Rayos! Truenos!

TEMPESTAD.

Amalia

¡Tierra negra, negra noche, negra sombra...!

Rosamunda

¡Cuervo de la noche, vuela! Gato negro, cruza!

Roberta

¡Sombra, sombra, sombra!

Coro

¡Huuuuuuuuu...! Huuuuuuuu...!

Amalia

¡Se abre la fosa.., aparece el cadáver del asesino, pálido...
sujeto a las riendas del Señor de las Tinieblas...!

Gertrudis

¡Auuuuu! Secreto, secreto...!

HABLA UN IDIOMA EXTRAÑO.

Roberta

¡Niebla... bruma..., brrr!

Coro

¡Iiiiiiiiiiiiiiiiiiiii...! ¡Iiiiiiiiiiiiiiiiiiiii...!

Gertrudis

¡El cuchillo!

Rosamunda

¡Abrete río de sangre, brota blanco hueso...!

Gertrudis

¡Serrucho...!

Coro

¡Auuuuuu!

Roberta

¡Costilla falsa de Adán, mango de hueso...!

Gertrudis

¡Tijeras...!

Amalia

¡Un mechón bastará para tener toda la fuerza...!

Rosamunda

¡Por los pelos del culo de Circe...!

HACEN EL PINCEL.

Coro

¡Pintor que pinta verdades, pintará al amo nuestro!

Amalia

¡Brrrrrrrrr...! ¡Seres de las sombras!

Gertrudis
¡Siniestra noche del desierto,
recibimos carta escrita en letras de sangre...!

Rosamunda
LEE.

"Venir al mundo quiere el Señor de las Sombras
en vida de un Bello Arte."
PREPARAN PINTURAS.

Roberta
¡Verde, negra, azul y roja!

Amalia
¡Alas de murciélago...!

Gertrudis
¡Conjuros de poder maldito...!
CONJUROS.

Amalia
¡Rojo sangre...!

Coro
Ronda, ronda, viento, espíritu poderoso de las sombras, ronda!

Amalia
¡Por la antigua alianza de los Gigantes y los Demonios!

Gertrudis
¡Zorros de las Ciencias y las Artes!

Amalia
¡Colas de fuego extendidas sobre la Tierra!

Rosamunda
¡Raposas de la luz!

Gertrudis
¡Guardianes de secretos escondidos!

Amalia

¡Espíritus de las rocas; ánimas suspendidas en los pantanos, sepultadas en la tierra...!

Gertrudis

¡Espíritu inmundo, Príncipe de las Tinieblas!

Roberta

¡Espíritu del fuego, de las llamas del infierno

Gertrudis

¡Nombres secretos de antiguos demonios!

Roberta

¡Nombres secretos de los seres que gobiernan las sombras...!

Rosamunda

¡Nombre secreto de su servidor muerto!

Coro

¡Satanás, Príncipe de la Tierra!

Amalia

¡Por la mano que saca la belleza de las sombras, hágase su instrumento!

Gertrudis

¡En la encrucijada del cañón del monte, en el triángulo de Judas, llegará el asesino del Hijo del Hombre y así vendrá a la Tierra a gobernar de nuevo Satanás con sus legiones!

Coro

¡Arre, arre, que vivan las Bellas Artes!

Gertrudis

¡Hurra, hurra que viva la inteligencia!

Coro

¡Arre, arre, que vivan las Artes y las Ciencias!

Gertrudis

¡Hurra, hurra, que viva la Anatomía!

Coro

¡Arre, arre, que viva la Pintura!

Gertrudis

¡Hurra, hurra, que vivan las Bellas Artes!

Coro

¡Arre, arre, que vivan todas las artes!

MUESTRA EL PINCEL.

Rosamunda

¡Con él pintarán grandes genios! Inmortales maestros!

Coro

¡Antiguo dinosaurio de la caverna, antidiluviano ser de
la cueva, dibujos de las paredes...!

PELEAN CONTRA INTRUSOS.

Amalia

¡Zape, inmunda sombra!

Gertrudis

¡Chite, horrible espantajo!

Rosamunda

¡Fuera, enano maldito!

Gertrudis

La Luna no sabe el secreto de esta noche:
"Un hombre vendrá, el que está destinado
a matar al Hijo del Hombre"

Amalia

¡Vamos..!

Coro

¡Auuuuuu! ¡Auuuuuuu!

SALEN VOLANDO. MÚSICA.

II Escena

EN CASA , HERNANDO Y MIGUEL.

Hernando

Anoche rondó un viento extraño, como si algo o alguien quisiera
entrar en la casa. Empezó a girar en torno a ella así: ¡...huuuu...!
¡Cada vez más rápido...!

Miguel

No hace más de una semana, abajo del cementerio,
encontraron a un profesor de Paleontología.
Los vecinos dijeron que toda la noche escucharon gritos.
Y en la mañana, cuando llevaron la vaca a pastar,
lo encontraron tirado en las charcas, tras las piedras.
¡Al voltearlo vieron que tenía una cara de horror
y el pecho abierto en dos, como si una garra le hubiera
robado el corazón!

SILENCIO

Hernando

¿Y Laura? ¿Dónde está Laura?

Miguel

No sé de ella hace más de dos semanas...

Hernando

Así es la vida, mi hermano.
Vuelvo el miércoles... Si quiere quedarse, ésta es su casa...

Miguel

No sé...

Hernando

Ah, entonces les digo a Ana y Francisco que vengan desde
mañana.

Miguel

Bueno.

Hernando

Si sale, me cuida bien el rancho, ¿ah?

SALE.

Miguel

Nos vemos en su casa.

MIRA POR LAS VENTANAS.

Un viento en la noche...

SACA UN CUADRO:
UN ROSTRO DE DEMONIO.
PINTA.
MÚSICA.

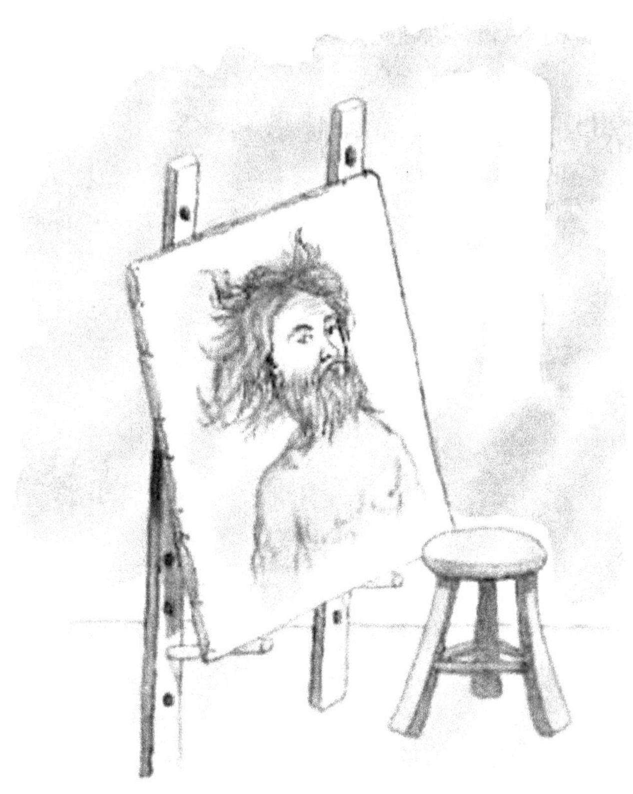

III Escena

Amalia

¡Shhhh...! Duerme como un niño...

Gertrudis

¡Tan tierno...! Sueña con un regalo...

Rosamunda

¡El quiere ser rico y famoso, un señor poderoso...!

Roberta

Está solo, pobrecito, su mujer lo dejó...

Amalia

¡Shhhh! Silencio, no vaya ser que lo despierten...

Gertrudis

¡Callen...!

LE CAMBIAN EL PINCEL.

Amalia

¡Vamos...!

Gertrudis

¡Fuera...!

Coro

¡Huuuu!

*SALEN VOLANDO.
MIGUEL DUERME.*

IV Escena

Miguel

"Yo me amparo a la sombra
que cobija mi esperanza,
no soy persona que cambie todo por nada...

PREPARA CAFE.

Decían que andaba loco. El profesor que vino al pueblo hacía
dos meses, se la pasaba hablando solo entre las ruinas,
allí mismo donde encontraron un fósil antidiluviano;
debería estar hablando con los muertos...

*SE OYE LADRAR EL PERRO. MIGUEL
SE QUITA EL CAMISÓN Y COLOCA
EL CUADRO A LA IZQUIERDA.*

Ahora, hay que dejarlo secar hasta mañana.

DEJA EL PINCEL.

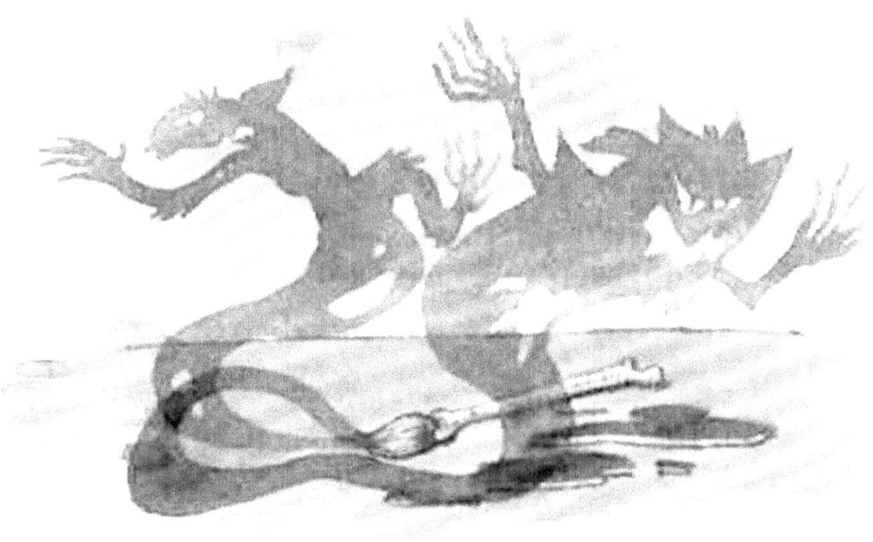

V Escena

GOLPEAN A LA PUERTA.

Miguel

¡Voy...!

ABRE. SON ANA Y FRANCISCO.
SE SALUDAN.

Aquí está la llave... Espero que no tengan problemas
con el perro que está alborotado.

Francisco

¿Es bravo, no? Tiene cara de lobo.

Ana

Mmm, esta casita no queda tan lejos...

Miguel

Noo... Como dos kilómetros...

Francisco

No está nada mal...

Miguel

Yo no me voy a quedar esta semana.
Si viene Laura, díganle que me fuí para mi casa.

ARREGLA SU MOCHILA.

Francisco

Bueno... ¿Qué fecha es hoy?

Miguel

Sábado... Ah, tengan cuidado con la pintura, está fresca.

SE DESPIDEN. MIGUEL SALE

Ana

A FRANCISCO

¿No le huele mal...?

VI Escena

Ana

Ella es la Plenitud
El es el Recipiente
Ella es la Paz
El es lo Grande

La fuerza de Ella es la Creación
La de El es la Entrega
La de Ella es la Verdad Interior
La de El es la Serenidad

La debilidad de Ella es la Restricción
La de El es la Evolución
La de Ella es la Dificultad Inicia
La de El es la Consumación

El destino de Ella es el Influj
El de El es el Clan
El de Ella es la Retirada
El de El es la Consumación

VII Escena

NOCHE EN EL CEMENTERIO.

Amalia

¡Se lo dije, bruja del demonio!

Gertrudis

¡Más bruja será su madre!

Rosamunda

¡Perra asquerosa!

Roberta

¡Escupe sangre, maldita!

PELEAN.

Gertrudis

¡El viejo se va a poner berraco y nos va a echar los perros!

Amalia

¡Espérate, cretina! El amo no sabe nada de nada.
Seguro le encantaría un pastelito como ése.
¡Ya que el pintor se fué, que el inquilino sirva el plato...!

Gertrudis

No. ¡Hay que esperar a que el pintor vuelva de la capital!
¿Cuánto tiempo nos demoramos en escoger un candidato?

Rosamunda

Estaba tan tiernito, el pobrecito ese...

Amalia

¡Por los pelos del gato negro! Ni pensarlo.
Hay que contar con lo que ha llegado.
Total, nadie se enterará.

Gertrudis

Entonces, ¿de qué sirve toda nuestra ciencia?
¿Acaso nuestra larga experiencia se puede desechar así no más?

Rosamunda

Es verdad, ¿cuánto tiempo esperando la ocasión propicia?
¿Cuánto?

Amalia

¡Puerca, cochina, cómo se le ocurre estar meando
encima de las tumbas, no ve que el ácido úrico las profana...!

Roberta

¡Quite las patas de encima!

Gertrudis

¡Maldita su madre y toda su descendencia!

Roberta

¡Vieja inmunda!

ENTRA DOGO. LADRA.

Dogo

Callen viejas... Mi amo manda a decir que no hay problema.
Que él sólo quiere comer esta noche algo ligero.

Gertrudis

Dile a tu amo que estas viejas hicieron todo al contrario.
Nos pusieron a hacer un pincel y lo que llegó fue un actor de
teatro.

Dogo

Mi amo dice que no importa, que de todas formas es arte.

Amalia

Dile de mi parte que esta vieja está loca.
Que le tenemos preparado un suculento plato.
Que puede ir cuando quiera.

Dogo

¡Ah, mi amo manda a decir que no hagan tanta bulla en el
cementerio! Que no dejan descansar los muertos y los vecinos
se van a dar cuenta...

Gertrudis

¡La bullanguera es ella...!

Amalia

¡Calla la jeta, sapa!

> *PELEAN.*
> *DOGO LADRA.*
> *SILENCIO.*

Roberta

Dile a tu amo que hay un pequeño problema,
que con los nuevos inquilinos no hay contrato.

Rosamunda

El pintor se echó su firma en sangre fresca..

Dogo

Mi amo dice que no hay problema,
que él conoce muchas tretas...

Rosamunda

Dale a tu amo un recado personal, algo confidencial..

Gertrudis

Calla Rosamunda. Dogo no es el cartero de las brujas.

> *PELEAN.*
> *DOGO SALE.*

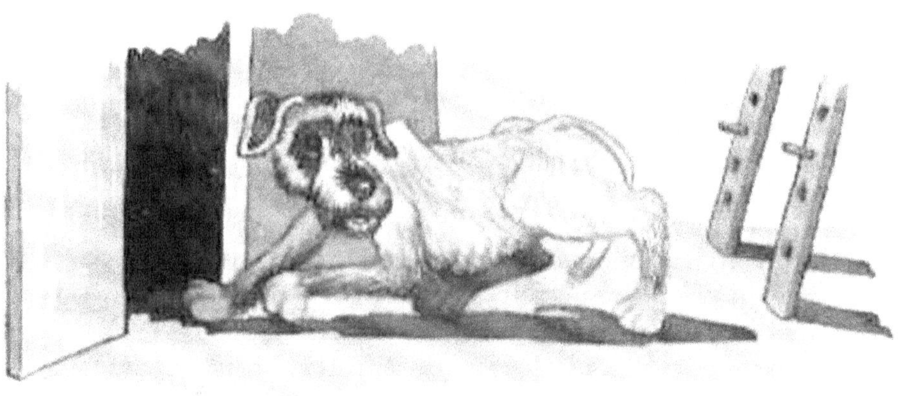

VIII Escena

MEDIANOCHE . FRANCISCO SE LEVANTA SOBRESALTADO.

Francisco

¡Ay, qué extraño ardor en el pecho!

Ana

SE DESPIERTA.

¿Qué pasa..?

Francisco

Es un ardor aquí, en el pecho.

Ana

¿Dónde?

Francisco

Aquí.

LE MUESTRA.

Ana

Eso fue en el Pozo de la Vieja...
Mmm, había unas yerbas espinosas
en el pasto donde estuvimos dando volteretas...

SE ACUESTAN. SOPLA EL VIEN-
TO.
FRANCISCO SE LEVANTA.

Francisco

Qué sueño tan extraño. Estábamos comiendo en casa
de unos campesinos, cuando llegó un señor muy largo
y encorvado con ojos luminosos e inyectados que me
decía que fuera con él...

El Demonio

No es extraño...

Francisco

¡¿Quién habla?!

El Demonio

¡Yo!

Francisco

¡Eeeeee... ¿Quién es usted?!

El Demonio

Yo sólo soy un servidor del supremo amo,
bienvenido a nuestro reino, muchacho.

Francisco

¿Servidor de quién? ¿De qué reino?

El Demonio

Hoy te vi bañándote en el río, desnudo.
Aflojabas tu cuerpo contra el prado

Francisco

¿Qué es esto..? !¿Es ilusión mía...?!
¡¿Estaré soñando...?!

Ana

DESPERTÁNDOSE.

¿Qué pasa?

Francisco

¡Me arde el pecho! ¡Cada vez más fuerte!

Ana

Respire lento, relájese... venga.
Vamos a dormir, ya es medianoche...

DUERMEN. SILENCIO.
SOPLA EL VIENTO.

El Demonio

CANTA.
Descansa tu corazón en mi tridente..."

Francisco

SE LEVANTA.

¡Ay, no sé qué me pasa. Es un ardor terrible,
que me abraza el corazón en llamas!

El Demonio

¡Brama! ¡Quiero oir tu voz de trágico!
O por lo menos llora, así podremos reir un rato.

Francisco

¡Debe ser esa maldita pintura!

VOLTEA EL CABALLETE.

El Demonio

Es mejor así, de espaldas.
Al revés son mejores las cosas...

Francisco

¿Al revés? ¡Ay! ¡Mi pecho!

El Demonio

Ya no ves mi rostro...

Francisco

¡Ay...!

Ana

DESPERTÁNDOSE

¿Ah...? ¿Con quién habla?

Francisco

Con el dolor, ha de ser...

Ana

Descanse. Duérmase, mañana tenemos que madrugar.

ANA DUERME. SILENCIO.

Francisco

¿Por qué me siento atraído a hablar con esa pintura?
Hay algo misterioso en esa mirada y esa risa...

El Demonio

Ah, sabes apreciar el arte...

Francisco

¿Qué sabe usted del arte? Si tan sólo es un retrato
y de un mal pintor, un pobre diablo
que sólo quiere infundir terror...

El Demonio

¡No digas nada, ignorante. Soy obra de un gran maestro!
Si no conoces la historia de las artes,
mucho menos conocerás la utilidad de la pintura.

Francisco

Sé de la historia del Maligno para engatuzar los sentidos
y engañar con las formas.

El Demonio

Nada sabes de percepción... Aún tienes la razón prisionera
en el temor de tus propias creencias.

Francisco

¡No sé de que habla!. ¡Ay..!

Ana

DESPERTÁNDOSE.

¡Muestre! Tiene una ampolla encendida..!

Francisco

Es como si alguien me estuviera quemando...
Bueno, voy a tratar de dormir. Ah, ah, ah...

SE SIENTA EN LA CAMA.

Ana

Venga...

SILENCIO.
MÚSICA.

IX Escena

*LAS BRUJAS EMPIEZAN A ASO-
MARSE POR VENTANAS Y PUER-
TAS.*

Rosamunda
¡Shhhhhh...!

Gertrudis
Duermen...

Roberta
¡Está volteado...!

Amalia
¡No por allí, por aquí, por aquí...!

Rosamunda

TROPIEZA

¡Ay! ¡Amalia, es por allá...!

Amalia
¡No, es por este lado...!

Roberta
¡Está volteado!

Amalia
¿Volteado? ¡¿Quién está volteado?!

Roberta
¡El Amo, el retrato del Amo!

*MIRAN.
SILENCIO.*

Gertrudis
Yo te lo dije, Roberta. Como nunca me haces caso.

Amalia
¡Mierda, el pincel!

Roberta

¡Shhhh...!

SILENCIO.

Rosamunda

El señor no ha llegado...

Roberta

Sí... Ya llegó, pero está volteado...

Rosamunda

¿Volteado? ¿Quién está volteado?

Roberta

¡El Amo, el amo está volteado...!

Rosamunda

¿El Amo? ¿Cuál Amo?

Roberta

¡Shhhhh, cállate Rosamunda...!

Rosamunda

Bueno, podemos esperarlo...

El Demonio

¿Esperar a quién...? ¿Con quién hablas...?

SILENCIO.
LAS BRUJAS QUEDAN PARALIZA-
DAS Y SE ESCONDEN.
EL DEMONIO CREE QUE ES FRAN-
CISCO QUE SE HA LEVANTADO.

¿Acaso no me estabas esperando...?
¿No andabas buscándome...? Así pasa,
juegan con candela sin querer salir quemados...

Brujas

¡Shhhhhh...!

Amalia

¡Callen, viejas!

Francisco

¿Y ahora, con quién habla?
¿A los demonios también les gusta el teatro?
¿Les agradan los juegos de voces?

Brujas

Shhhhhh...

El Demonio

¡Ah, me salió burlón el muchacho!

Francisco

Si no fuera por este ardor en el pecho...

Gertrudis

¡Comenzó la fiesta

Rosamunda

Mejor vámonos...

Amalia

No, tenemos que esperar a que lo remate.
Total, nosotras sólo lo podemos probar cuando esté asado.

Francisco

¡A nadie buscaba, menos a usted!

Gertrudis

¡Ya les dije! ¡El no tiene firmado ningún... contrato

Francisco

¿Contrato? ¿Como en Fausto?

El Demonio

Bueno, si no lo tienes, puedes firmarlo

Francisco
¡Ay, algo me quema el pecho!

Rosamunda
Pobrecito...

Roberta
¡Ya lo tiene trinchado!

Amalia
¡Callen la jeta, bestias!

El Demonio
¿Ves? De todas formas no hay remedio para el mal
del cuerpo; mejor es aceptar que el corazón es un infierno..

Brujas
Huuuuuuu...

EL VIENTO AZOTA UNA VENTANA.

Francisco
¿Quién anda ahí?
¡¿De quién son esas voces que suenan como el viento?!

Brujas
Huuu... Miau... Croac...

Francisco
¡¿Lechuzas, gatos, cuervos...?!

El Demonio
Sólo es la noche.
Puedes estar seguro de que no tenemos compañía...

Francisco
Está Ana...

El Demonio
Ella está dormida...

Francisco
Podría despertarla.

El Demonio

Es inútil. Aunque trataras de convencerla, no te creería.
"Son cosas de tu imaginación", diría.

Francisco

¡Ay, que extraño es todo esto!

Rosamunda

Siempre duele...

Roberta

Sapa, ya te lo había dicho Rosa:
"Te traigo si te quedas muda" ¡Rosa... muda!

El Demonio

No hagas caso de los ruidos, hay ciertas noches en que los animales se alborotan. Pero, dime: ¿por quién crees que está inspirada tanta belleza? La naturaleza sóla no podría, y el hombre... menos.
No hay otra forma de conseguirlo. Nosotros estamos en la tierra desde su principio...

Rosamunda

¿De qué hablan?

Amalia

De nosotros, los dueños del mundo, munda.

Francisco

La belleza es de Natura y proviene de Dios.

El Demonio

¡Creencias de tus antepasados!

Rosamunda

No entiendo...

Amalia

¡Nunca entiendes, inmunda!

Gertrudis

¡Callen que están filosofando...

Francisco

EN LA VENTANA.

"...la roja luna, cae sobre el trigo"

Rosamunda

¡Es poeta!

Roberta

Rosamunda, no puedes aquietar la lengua?

El Demonio

No crees ni en lo que ves...
Entonces, escucha

MÚSICA FAUSTICA

¿Oyes? ¿No es maravilloso...?

Francisco

Sólo son ilusiones mías...
Delirios y trastornos del dolor...

El Demonio

Yo tengo el poder de las artes, herencia de un antiguo linaje...
¿Qué clase de artista eres? ¿No te gustan las apariciones, los artilugios y la magia...?

Francisco

¡Esa voz engaña mis sentidos, esa música atrapa mis oídos en ilusiones demoniacas...!

El Demonio

¿Acaso crees que todo esto es mentira, ilusión?
Si no vives con tus sentidos alerta y tu percepción despierta, ¿cómo quieres ser un actor?

Francisco

Justamente. Esta ilusión es un engaño que usted me tiende.
Mentira, sólo es un juego de la mente...

El Demonio

¿Mentira? Veamos...

Francisco

¡Ay...! ¡El ardor aumenta...!

Roberta

¡Buena por ésa, mi señor...!

Amalia

Para que aprenda a respetar...

El Demonio

¡Ja, ja, ja!. Confundes el arte con la religión.
Si no aprendes a apreciar y a disfrutar las exquisitas formas y los placeres de la vida, ¿cómo quieres llamarte "artista"?
Las cosas de la teología son muy aburridas, lo mismo que los sueños románticos y las causas perdidas.
Bueno, con excepción de la épica, que es una de mis preferidas...

Francisco

No sólo veo el horror de la Tierra, su desolación y su miseria. También veo su belleza y espero su justicia.

El Demonio

¡Creencias, proyecciones! Quizás no valga la pena seguir en esta tarea, mejor duérmete, me aburre esta conversadera...

SILENCIO.
DOGO LADRA AFUERA.

Amalia

¿Oyen...? ¡Es Dogo que ladra! ¡Alguien viene!

Rosamunda

¡¿Qué...?!

Gertrudis

¡Esperen, el Señor anda bravo! ¡No le gustó el remplazo!

Amalia

¡Shhh...!

DOGO LADRA AFUERA.

Roberta

Dogo trata de trasmitir un mensaje...!

Gertrudis

Telepatía, ¿qué estará pensando?

Amalia

Qué dice?

Roberta

Dice que... porqué le trajeron a ese tipo.

DOGO LADRA.

Amalia

Shhh... Está llamando a alguien...

Gertrudis

¡No! Dice que necesita ayuda...

Rosamunda

¿Ayuda? El Senor nunca necesita ayuda.

Amalia

¿Volteamos el cuadro para verle la cara?

Gertrudis

¡No, descarada...!

Roberta

¿Alguna ha visto el pincel?

Gertrudis

Qué pasa?

Rosamunda

¿El pincel? ¿Cuál pincel?

Amalia

¡El pincel mágico, tapia!

SILENCIO.

Rosamunda

Sí, yo lo vi en el caballete...

VA A TOMARLO, TROPIEZA Y CAE.

El Demonio

Quién anda por ahí..?

SILENCIO.
MÚSICA.

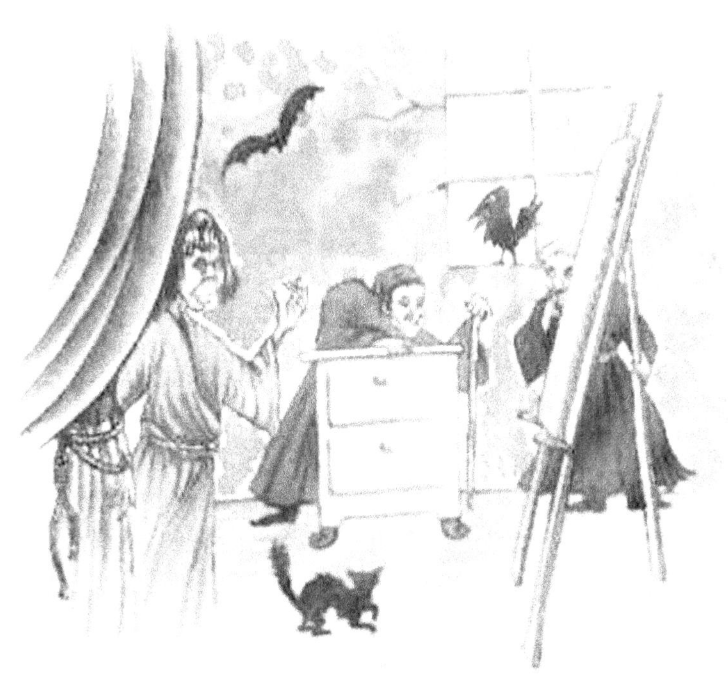

X Escena

Francisco

DESPERTÁNDOSE.

Es extraño este dolor que no termina... Me quema el pecho como un carbón encendido...No me gusta esta casa. En el camino a la altura del cementerio nos miraron extraño... O sólo quizás sea mi mente que ha tejido todo esto... ¿Por qué volví el retrato ese? ¿Y esa música? Temores infantiles que regresan... Ay, pero este ardor en el pecho es muy extraño... Jamás había sentido dolor más real. Amanece y sigue ladrando el perro. Y ese viento... A la gente de esta casa le gusta los juegos extraños, perversos, es ingenua...

El Demonio
¿Ingenua? No, muchacho. Es gente que sabe y respeta...

Amalia

APARTE.
Empiezan de nuevo...

Rosamunda
¿Qué...?

Francisco
Otra vez oigo esas voces en mi interior. Es sólo imaginario...

DOGO LADRA AFUERA.

El Demonio
¿Te das cuenta? Es sólo un perro que ladra...

Francisco
¡Ay, comienza de nuevo...!

Ana

DESPERTÁNDOSE.
¿Qué pasa? Relájese. ¿Por qué está tan tenso? Mañana le pongo un ungüento.

Francisco

¡Me arde de una manera extraña, como cuando se marca una res con un fierro al vivo rojo...

Ana

Descanse, relájese, está muy tenso, respire...

CANTA.
"Mañana cantará el Pájaro de Fuego.
Duerma que la noche está cansada.
Los niños saltan la quebrada,
duerma que el Ángel guarda."
SILENCIO. DUERMEN.

El Demonio

Dulce encanto. Ella no sabe nada, se imagina que son cosas tuyas, invenciones de tu imaginación desbordada. Pero ella está de mi parte. No tendré que contarte esa vieja historia...

Gertrudis

APARTE.

Empiezan de nuevo...

Roberta

¿En qué irá a parar todo esto...?

Roberta

¡El pincel..! ¡Allí está el pincel!

Gertrudis

¡Shh! Ese no es...

Amalia

¡No está en el parapeto!

Rosamunda

¡Entonces se lo llevó el pintor!

El Demonio

¿El pintor? ¿Quién anda ahí?

Francisco

¿Voces..? Es sólo un retrato, una pintura...

Amalia

APARTE.

¡Mierda...!

Gertrudis

Por los pelos que me restan, que si no encuentro el pincel me hago con ellos una brocha gorda...!

Rosamunda

¡Vulgar, bastarda!

El Demonio

¡¿Quién anda por ahí?!

SILENCIO. DOGO LADRA AFUERA.

Ah, es sólo Dogo... Bueno, ahora fíjate en el poder de la pintura.

Francisco

Sólo es un cuadro...

El Demonio

Precisamente, muchacho. Podría mostrarte el poder que tienen algunas otras cosas. El dinero, por ejemplo. Supongo que no te gusta la guerra ni te tienta el poder de dominar a otros, de gobernar. En eso soy diestro. Pero ya que te interesan las Bellas Artes yo puedo proporcionarte lo indispensable: ¡el talento!

Francisco

Ya lo tengo.

El Demonio

¡El teatro y sus secretos...!

Francisco

Tengo Musas que me dan consejos...

El Demonio

¡La Fama!

Francisco

¡Esa... es un esperpento!

El Demonio

Mujeres...

Francisco

Con el amor que tengo no me alcanza.

El Demonio

Viajes y placeres...

Francisco

Cansado estoy de ellos...

El Demonio

¡Riqueza, poder, gloria, éxito...!

Francisco

No hace falta pretender todo eso.

El Demonio

¿Entonces, qué es lo que quieres a cambio...?

Francisco

¿A cambio de qué? Nada.

El Demonio

¡Tanto peor! ¡No sé quién demonios te trajo!
¡Yo sólo quería un contrato con un pintor!
El que me hizo este retrato, pero ya que estás aquí veo que no
eres mal candidato...

Francisco

¡Ay, arde mi pecho!

El Demonio

¡Ja, ja, ja, ja! ¡También tú eres un bastardo!
¡Mírate en el espejo!

SILENCIO.

¡Ah, no sabes cuánto dolor tengo...!

Francisco

¡Pobre demonio, Dios le encomendó lo peor...!

Rosamunda

¡Ay, tan tierno!. Se puso sentimental...

Roberta

¡Bocona!

Francisco

¡Ay! Ya no sé si estoy despierto o estoy soñando que un demonio
me habla.

Ana

DESPERTÁNDOSE.

¿Otra vez? Mañana vamos al doctor...

Francisco

¡Cada vez está peor! Es un terrible ardor, como si algo me estuviera quemando...!

Ana

Cálmese, relájese... No se imagine cosas raras...

LE DA UN MASAJE.
CANTA.

"En la rama del durazno
el Ángel toca la guitarra
Vendrá montado en caballo blanco
cuando vuelva la mañana..."

DUERMEN. SILENCIO.

Amalia

¡Hu... hu... hu... hu...!

Rosamunda
¡Auuuuu...!

Gertrudis
¡Miau, miauu...!

Roberta
¡Croac, croac, croac...!

Francisco
¡¿Voces de animales...?!

El Demonio
No puedes nada contra la noche.

Francisco

CANTA.

"¡Ay, olvidé todo de mi
y ahora estoy en el fondo...!"

Gertrudis
¡Ya no aguanto más...!

Rosamunda
¡¿Qué...?!

Roberta
Viento... ¡huuuuu! ¡Huuuuuu...!

Amalia
¡Auuuuu...!

Gertrudis
Miauuu...

Brujas

CANTAN.

Cara de espanto pone la luna
Horror tienen las sombras

Bruja que canta en la noche
¡Zape viento, vuela escoba!

Aulla el perro a la luna
y caga monedas de oro:
¡Tin, tin, tin, tin, tin, tin!
¡Ay de la suerte nuestra
zape, bruja, vuela, vuela...!"

SALEN VOLANDO. DOGO AULLA.
SE ESCUCHA EL SONIDO DE
MONEDAS QUE CAEN.

El Demonio

¿Quién canta así, como las brujas?

Dogo

AFUERA.

¡Auuuuu, auuuuu...!

El Demonio

¡Ah!. Es otra vez Dogo. ¡¿Qué quieres?! Entra...

SILENCIO

¡Entra! ¿Qué esperas? No te quedes allí parado en la puerta como si fueras una piedra... ¿Acaso no eres mi amigo fiel? ¡Obedece, entra...!

XI Escena

*DOGO ENTRA. TRAE SUS MANOS
LLENAS DE MONEDAS DE ORO.*

Dogo

Señor, ¿dónde está, Señor?

El Demonio

Aquí Dogo, en el caballete...

Dogo

¿Está durmiendo, Señor...?

El Demonio

¡Cállate!

Dogo

Quedó usted muy bien pintado, Señor...

El Demonio

Deja las monedas de oro...

Dogo

¿Eh...en dónde, Señor?

El Demonio

En cualquier parte...

Dogo

Pero Señor...

VACILA.

El Demonio

Dogo, ¿podrías hacerme un favor?

Francisco

DESPERTÁNDOSE.

¡Noo...!

El Demonio

¿Podrías correrme un poco, Dogo?

Dogo

Pero Señor...

Francisco

¡Noo..!

El Demonio

Dogo, por favor...

Francisco

¡Noo..!

Dogo

Señor...

El Demonio

¡Dogo, te lo ordeno..!

Dogo

No puedo, Señor. Estas monedas de oro son las que usted ordenó, Señor. Ya están listas para entregárselas al pintor, Señor. Nadie puede tocarlas...

El Demonio

¡Cállate..! El pintor no está aquí, Dogo. Entrégaselas al tipo ese que vino...

Francisco

¡Ah, no! ¡A mí no..! ¿Moneditas del demonio? Nooo...

El Demonio

¿Cómo que no? ¡Aunque no quieras, arte y parte tienes en esta tragedia. Si quieres que te suelte, recibe las monedas!

Francisco

¡No..! ¡Ay, ay, ay..!

El Demonio

¡Tanto peor, si no quieres, no te soltaré! Es el primer cliente que no le gusta el oro...

Francisco

¡¿Qué clase de maleficio quiere pactar conmigo, ah?

Dogo

A FRANCISCO.

Tome, es mejor que las reciba...

Francisco

¿Quién es usted? ¡Un perro del infierno! ¡Noo...

El Demonio

¡Imbécil...! ¡¿No ves que todo tiene su precio?! ¿Cuánto quieres?!

Dogo

Tome...

Francisco

¡Ay...!

Dogo

AL DEMONIO.

No las recibe, Señor...

El Demonio

Es inútil, este resultó más terco que una mula. Ni que yo fuera un pintado en la pared. ¡Dogo, mejor llama a las brujas...!

Dogo

Aquí estaban, Señor. Yo las vi entrar...

El Demonio

¡Aquí no ha entrado ninguna bruja...!

Dogo

Si usted lo dice, Señor...

El Demonio

¡Ve a llamarlas, bestia! ¡Rápido...!

Dogo

Voy Señor...

APARTE.

Más bestia será su madre...

SALE.

El Demonio

¡Dígales que es una emergencia! ¡Pronto, que no falta mucho para que amanezca...!

DOGO ENTRA.

Dogo

Señor, ¿y qué hago con las monedas, Señor?

El Demonio

¡Cualquier cosa, animal...!

Dogo

¿Como qué, Señor...?

El Demonio

¡Como, como, como comérselas...!

Dogo

¿Cómo? ¿Comérselas? Bueno, si usted lo ordena, Señor...

SE LAS COME Y SE ATORA.

¡Cof... agua... cof!

VA A LA COCINA Y REGRESA.

Agua... agua...

El Demonio

¡¿Vas a largarte...?!

Dogo

¡Si Señor, cof, voy rápido, cof...!

SALE.

El Demonio

¡Espera...!

DOGO ENTRA.

Dogo

¿Sí Señor...?

El Demonio
¿No viste salir al pintor a eso de las seis y media...?

Dogo
No Señor...

El Demonio
Pero estabas aullando cuando llegó esta pareja.

Dogo
Sí señor...

El Demonio
¡¿Entonces...?!

Dogo
¿Qué, Señor...?

El Demonio
¡¿Qué...?!

Dogo
Señor...

El Demonio
¡¿A qué le ladrabas, imbécil?!

Dogo
...a la luna, Señor.

El Demonio
¡Marciano! ¡¿No te das cuenta que hoy es luna negra?!

Dogo
Yo le ladraba para que saliera, Señor...

El Demonio
¡Animal! Bueno, ahora vete... Ah, primero vas donde las brujas y luego quiero que busques al pintor y me traigas el pincel. ¡Por nada del mundo se puede perder...!

Dogo
Sí Señor...

SALE.

El Demonio
¡Espera...!

DOGO ENTRA.

¡Dile a las brujas que se apresuren, que está por cantar el gallo..!
Que tengo que irme por donde vine, tal es la ley.

Dogo
¡Sí Señor... Ay, mi estómago...!

SE RETUERCE.

El Demonio
¡¿Y ahora qué pasa imbécil...?!

Dogo
Nada... Señor...

*SALE COGIENDOSE EL ESTÓMA-
GO.*

XII Escena

SILENCIO. LLUEVE.

El Demonio

¡Ay!. A esta hora no sopla el viento.
La noche se empoza y se escucha un silencio...
PAUSA.

Francisco

Lágrimas de ceniza entristecen el infierno, pobre diablo..

PAUSA.

El Demonio

CANTA.

"Ay el agua, ay el fuego... ¿Cuándo volverán ellos...?
PAUSA.

Francisco

El dolor cae sobre los plieges, abre grietas y penetra hasta el
mismo corazón... ¡Piedad por los hijos de Dios!

El Demonio

¡Ay de mi, desgraciado, caído entre las piedras...!
LLORA.

Francisco

...así como nosotros perdonamos, ten misericordia...

El Demonio

¡No necesito *piedad* de nadie...! ¡De nada me arrepiento!
TRUENOS.

Francisco

¡Ven Miguel, Ángel de la Espada! ¡Mi pecho se abre esta noche
ardiente, trinchado por el Tridente! ¡Quemado por un ardor
de llamas! Qué me pasa? ¿Qué es ésto? ¿Dios mío, que venga
pronto la mañana.!

El Demonio

¡Ruge, alimaña! ¡Aguanta ésto...!

Francisco

¡Ay, mi pecho...! ¡Ahora renace con más fuerza! ¡Aparece de
nuevo...! ¡Ay!
SE DESMAYA. TEMPESTAD.

XIII Escena

¡Margarita..! ¡Margarita..! Ay camino de nieblas, abismo del Mar Blanco... Perdida la razón y el cuerpo, las letras... Sola acción es verdadera, vuela Fausto, vuela.¡ Margarita..! ¿Eh, que es eso? Me parece ver una casa de piedra...

Mefistófeles

Al fin llegas, te estaba esperando... Entra y sientate..

Fausto

Qué lugar es este? Quién es usted? Me parece haberlo visto en alguna parte...

Mefistófeles

Ya veo, es la primera vez que bajas al infierno, Fausto. No esperarias encontrarlo azul y verde, no.?

Fausto

Si, no... pero yo...Quiero decir que...qué me siente en ese banco de ardiente piedra..?

Mefistófeles

Acaso no querias venir? Para que tomaste mi flor? Mírate en el espejo de obsidiana...

FAUSTO SE MIRA.

Fausto

Horror, ¿quién soy?!Otro demonio..!

Mefistófeles

Si no estoy mal, eres Fausto, el que me vendió su alma...

Fausto

Ahora recuerdo, la poción mágica... Los papeles, la sangre...
Mefistófeles y yo, ¡Fausto el de la leyenda! ¡Margarita..

Mefistófeles

Puedes sentarte, bien recuerdas tu pertenencia...

Fausto

Que aspecto tiene! Parece un animal prehistórico.
Mejor me voy... ¡Margarita..! ¡Margarita!

Mefistófeles

Es tarde para arrepentimientos. Ahora eres mio, no podrás
irte.
Además, yo sólo cumplo órdenes de mi amo supremo.

El Demonio

INTERVINIENDO.

Como yo...Ves, Pacho, Fausto sufría de olvido, como tú...

Francisco

¡Engaños, delirios, pesadillas..!

Fausto

¡Horror..! ¡Margarita! ¡Margarita!

Mefistófeles

¿No puedes vivir sin las mujeres? ¿Qué esperabas ver en los
infiernos? ¿Nubes, cielos, soles? ¡Ay, no sabes lo que es ésto..!
¡No sabes el calor que siento... Uf!

Fausto

¿El demonio sufriendo, qué es ésto..? ¡Pobre diablo!

Mefistófeles

Crees que el infierno es el paraiso de los placeres

Francisco

DELIRANTE.
Mi cueva, mi cava corazón, mi sangre, mi fuego, ¡Margarita..!...

El Demonio

¡Te lo dije, igualitos ja, ja, ja, ja..!

Francisco

¡Pesadilla del averno..!

Mefistófeles

¿Quieres visitar otros socavones del infierno? ¿Quieres bajar al fondo y conocer los tres rostros del Gran Señor?

Fausto

¡Margarita..! ¡Auxilio..!

Mefistófeles

Margarita no está aquí, pero ya que insistes, podría traerla...

Fausto

¡Traidor!

Mefistófeles

Mira al otro lado del espejo...

*EN EL ESPEJO APARECE MARGAR-
ITA CONVERTIDA EN DEMONIO,
CON CUERNOS.*

Fausto

¡Espejismos! ¡No es cierto, es sólo un engaño!

El Demonio

INTERVINIENDO.

¿No crees en los prodigios? ¿No querías uno? ¿Acaso no amas los misterios? Es el mejor remedio contra el aburrimiento...

Francisco

¿Margarita? No puede ser, ella está en el Cielo, fue perdona-
da.
Lo mismo Helena, tras de María Santa.

El Demonio

¡¿Ingenuo, también tú quieres un espejo?!

Francisco

¿Estaré soñando el mismo sueño?

Mefistófeles

*VOLTEA EL ESPEJO Y EN EL OTRO
LADO ESTA HELENA DE TROYA.*

¡Cornudo..!

Fausto

¿Helena de Troya? ¡Es falso! ¡Me voy... Margarita!

Francisco

¡Mentira..! ¡Todo es falso! Fausto salió del infiern

*DESPIERTA,
LOS TÍTERES DESAPARECEN.*

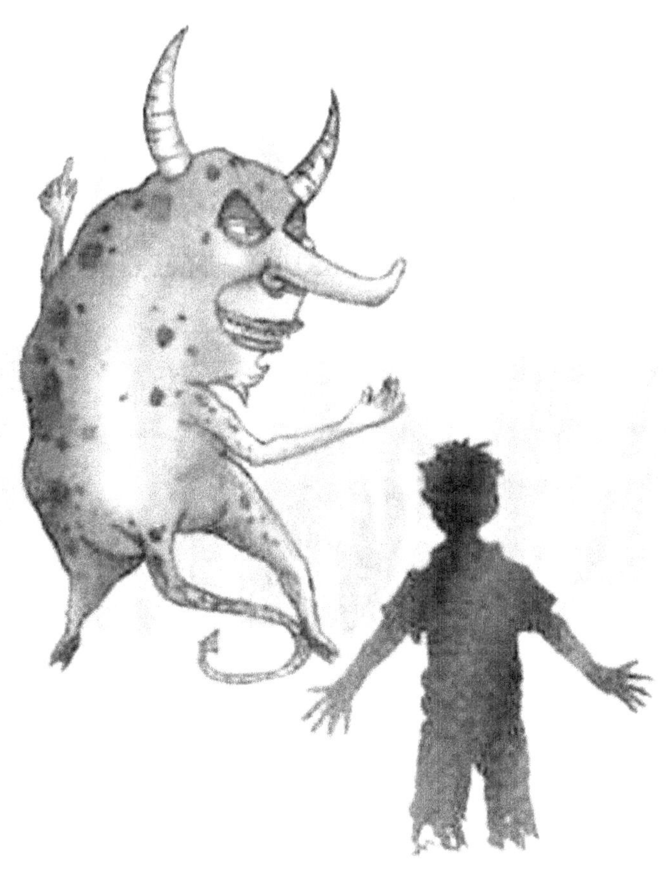

XIV Escena

*LA TEMPESTAD BATE LA VEN-
TANA,*

Francisco

¡Es solo una pesadilla! ¡Ay, mi pecho... todo es verdad!

Ana

DESPERTÁNDOSE.

¿Qué pasa? !Llueve, rayos, truenos..!

CIERRA LA VENTANA.

Francisco

No aguanto más..ese demonio...

Ana

¿Qué? ¡¿De qué habla?!

Francisco

¡La pintura...esa, me produce horror..!

Ana

Ah, es sólo un cuadro y no está mal... Duérmase...

Francisco

No puedo, el dolor no me deja...

Ana

Relájese, ya va a amanecer...

*DUERMEN.
LA TEMPESTAD AMAINA.*

El Demonio

Ves, ella aprecia el buen arte, está de mi parte...

Francisco

Empieza de nuevo... ¡ay..!

DESFALLECE.

El Demonio

CANTA.

*"Cayó una manzana
en la cabeza del genio.
Todo cae, ya lo sabemos.*

*Me dicen "El Inteligente",
soy un señor poderoso.
Todo cae, ya lo sabemos.*

*En las artes y en las ciencias
soy el más ingenioso.
Todo cae, ya lo sabemos*

*¿Cuando volverá mi amada?
se pregunta el muy ingenuo.
Todo cae, ya lo sabemos.*

MÚSICA.

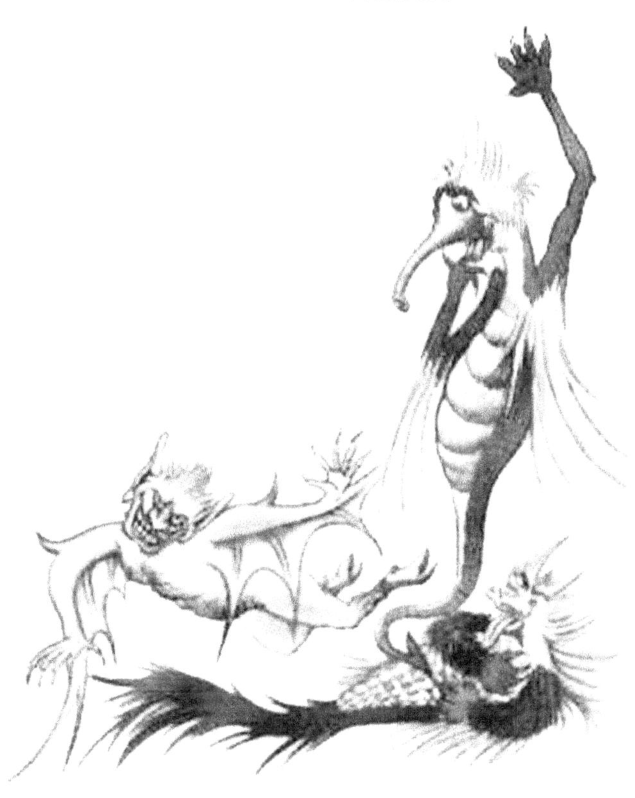

XV Escena

*SE OYE LADRAR A DOGO A LO
LEJOS, LUEGO SE ESCUCHAN LAS
BRUJAS.*

El Demonio

¡Dogo! ¡Las Brujas! ¡Pronto! ¡Vengan..!

Francisco

¿Qué oigo? Ay de mi, llegan de nuevo..

*SE DESMAYA. TRUENOS. LAS BRU-
JAS Y DOGO LLEGAN EN ESCOBAS
COMPLETAMENTE EMPAPADOS.*

Rosamunda

¡Mierda..!

Dogo

¡Maldita tempestad..!

Roberta

¡Auuuu..!

Amalia

¡Zape! ¡Cierra esa sombrilla de mal aguero!

Gertrudis

Es un paraguas, ¡Amalia!

Amalia

¡Quita pelona!

Rosamunda

¡Se me mojaron hasta las nalgas!

Gertrudis

Eres piernipeluda, Rosamunda

Rosamunda

¡Cállate, que no quiero hablar de tus bigotes!

Amalia
¡Señor..!

El Demonio
¡El pincel, Amalia, el pincel, rápido..!

Amalia
Señor, el pincel...

Rosamunda
POR FRANCISCO.

¿Está muerto..?

Roberta
¡Fuera la jeta de ahí, perro asqueroso..!
PELEAN.

Dogo
¡Vieja podrida..!

El Demonio
¡Basta..!
DOGO LADRA.

Amalia
Senor, pasó que...

Gertrudis
¡Que el pincel no está aquí..!

Roberta
¡Cómo no! ¡El pincel lo tiene ese perro!

Rosamunda
A FRANCISCO.

Está muy mal...

Roberta
¡Muéstrelo, animal!

Dogo
Señor...

Amalia

Lo tiene Dogo, Señor...

El Demonio

¡Cierren la jeta, brujas del demonio!

SILENCIO.

¿Dónde está el pincel, Dogo?

Dogo

SACÁNDOLO.

Aquí está, Señor...

Rosamunda

¡Huy, de la que nos salvamos!

Roberta

¡Ese no es..!

Gertrudis

¡Cállate, sapa!

Rosamunda

Sí. ¡Ese no es..!

El Demonio

¡¿Cómo que ése no es el pincel mágico..?!

Dogo

El pincel...

Gertrudis

Muestre a ver...El pincel mágico tiene pelos dorados y mango
de hueso... ¡Este no es!

Amalia

¡Este es un pincel común y corriente, bestia!

El Demonio

¡Animal! ¡No sabes distinguir ni un hueso!

Dogo

Usted me dijo que lo trajera, Señor... Yo fui hasta el cuarto del pintor y encontré ese pincel, Señor...

El Demonio

¡Bestia! ¡Brujas del demonio! ¡Fuera!

Dogo

¡Auuuu..!

Brujas

¡Brrrrrrrrr..!

El Demonio

¡Rápido que va a amanecer!

Rosamunda

¿Qué hago?

Gertrudis

¡Que corra al Señor, sorda!

Amalia

El pincel debe estar por aquí...

TROPIEZA Y CAE.
AMANECE.

Roberta

A DOGO.

¿Cómo pudo confundir semejante hermosura con esta brocha gorda..?

El Demonio

¡Gallinas ciegas! ¡Ineptas, culecas!

Dogo

SE TROPIEZA.

Señor, yo...

Rosamunda

Ay, mire por dónde va..

RUEDA.

Amalia
¡Vieja torpe!

CAE.

El Demonio
¡Cierren esa ventana, no resisto la luz...!

Roberta
¿Qué..?

Dogo
Señor, no puedo...

CAE.

Amalia
¡Rápido que amanece...!

Dogo
¡Señor.., las tripas, me enveneno!

Roberta

LE PEGA A DOGO.

¡Toma, toma!

Dogo
¡Auuuuuuu..!

El Demonio
¡Que cierren esa ventana!

Dogo
¡Me enveneno... Las monedas de oro...!

CAE.

Amalia
¡Amanece..!

Gertrudis
¡Yo me voy..!

CHOCAN Y CAEN.

Roberta
¡El pincel!

Rosamunda

¡Sálvese quien pueda!

Dogo

¡Auuuu...!

El Demonio

¡No se vayan... Que alguien se apiade de mi!
¡Por favor, cierren esa ventana..!

Amalia

¡Me pido el armario..!

Gertrudis

¡Yo duermo en la despensa!

Roberta

¡Yo no me quedo ni muerta en esta casa!

Rosamunda

¡Si, mejor vámonos..!

Amalia

¡Ya no hay tiempo! ¡Se levantó el gallo!

Gertrudis

Quédemonos, ¿sí?

El Demonio

¡Oigan...!

Dogo

¡Auuuuuuu....!

VAN DE UN LADO PARA OTRO.
TODO LO HACEN AL REVES. LA
TORMENTA SE HA CALMADO.
AMANECE.
LAS BRUJAS SE ESCONDEN.
GERTRUDIS SE ASOMA EN EL
ARMARIO.

Gertrudis

¡El retrato..!

Amalia

Voy a cerrar la ventana...

Rosamunda

Señor...

SE TROPIEZAN Y RUEDA POR EL PISO CON EL RETRATO.

El Demonio

¡Bestia..! ¡Me caigooo...!

CANTA EL GALLO.
LAS BRUJAS SE ESCONDEN.
DOGO SE ARRASTRA FUERA.

Rosamunda

DESDE SU ESCONDITE.

¡Les dije que no era buena fecha..!

Roberta

¡Calla Rosamunda..!

El Demonio

¡Ooooooooo.....!

Dogo

¡Auuuuuuu..!

CANTA EL GALLO.
AMANECE.
MÚSICA.

XVI Escena

Ana

*"Un ave migratoria perdió la ruta
en el campo, y llegó la noche...
En una oscura cueva quizo
guarecerse de la lluvia y de los rayos.*

*Dió que una mala suerte tendiera
su negra sombra, pues la cueva
era guarida de hombres malos,
de conciábulos...*

*Presa en un hechizo macabro
fue muerta por asesinas manos
como ofrenda de sangre
al dios de los desterrados.*

*¡Vuela inocente paloma al Cielo!
¡Despierta en la Vida Eterna!
Que Dios perdone a ese hombre malo.*

RECOGE COSAS.

¿Y esto..? ¿Qué pasó? Ni que hubieran estado bailando...
¡Qué nochecita! No recuerdo bien, pero tuve sueños extraños.
Un perro negro que salia del monte. Sería el perro que estuvo
ladrando, como si entrara y saliera gente de la casa. Es raro el
perro que le ladre a los truenos y a los rayos...

GOLPEAN A LA PUERTA.

¿Quién podrá ser a esta hora? ¡Voy..!
ABRE, ES LA VECINA.

La Vecina

Disculpe, señora, traigo los huevos de don Hernando.

Ana

El no está, pero puede dejarlos... Siga, ¿quiere tomar algo?

La Vecina

Señora... ¿no escuchó anoche ruidos raros?
Los perros ladraron, como si alguien estuviera rondando esta casa...

Ana

Es cierto. Los perros ladraron...

La Vecina

Y no es la primera vez que pasa esto...

ENTRA.

Ana

Ladrones no faltan.

La Vecina

Es cierto.... Aquí le dejo los huevos... Pero lo que le cuento es otra cosa.

Ana

¡Ah, noo! Yo, a los fantasmas, no les tengo tanto miedo como a los vivos... ¡Los fantasmas al fin y al cabo están muertos

La Vecina

Niña, ¿acaso no oyó hablar del cadáver del profesor?
Ayer mismo vinieron los de la policía, a mi casa, a preguntar no sé qué cosas.

Ana

¿Cómo? ¿De qué habla? Ayer escuché en la plaza de mercado que se había cometido un terrible asesinato... ¿Era un profesor que estaba haciendo excavaciones..?

SIRVE CAFÉ.

La Vecina

El mismo, niña... Dicen que estaba poseído por alguien.
Que empezó a volverse loco desde que descubrió unas estatuas viejísimas, escondidas en un pozo...

Ana

A los muertos hay que dejarlos en paz. Yo, en cambio, escuché que lo habían matado por política, como siempre...

La Vecina

¡Una nunca sabe! ¡Parece que les gusta jugar con la muerte! Dicen que el profesor guardaba en secreto lo de las guacas y que por eso alguien lo mató...

Ana

Es posible, siempre se mezclan la sangre y el oro...

La Vecina

Todo es posible, niña. Yo no creo en brujas, pero que las hay, las hay...

Ana

Lo que sí he sentido, es un olorcito que viene del cementerio...

La Vecina

Esta mañana encontraron otro perro muerto, envenenado. Tirado en la carretera. Los estan exterminando porque dicen que la rabia se esta propagando...

Ana

¡Gente ignorante, que no respeta la vida!

La Vecina

Escuche niña: Albertico, el muchacho que está en la nocturna, bajó pasada la medianoche y esta mañana me contó que había visto luces y escuchado voces en el cementerio. Fíjese que los animales andaban inquietos...

Ana

Yo dormí profunda y eso que en medio de semejante aguacero.

La Vecina

Yo no sé si serían los tragos que tenía encima, o si sería cierto, pero me dijo que anoche había visto gente rondando esta casa y había escuchado voces y lamentos...

Ana

Noo... Sólo fue Francisco, que se quejó un rato porque le dió un ardor en el pecho.

La Vecina

¡¿En el pecho, señora?! ¡Tenga cuidado con eso!

FRANCISCO DESPIERTA.

Francisco

¡Ah, ah, ah..!

Ana

Tiene una extraña ampolla, parece una alergia...

La Vecina

Eso es muy raro.

Ana

Fue alguna yerba espinosa del campo. Vamos al medico?

Francisco

¡Claro..!

SE VISTE.

La Vecina

Fíjese, señora. No es el primer caso...

Francisco

¿De qué hablan..?

Ana

De nada...

La Vecina

¿Señora, usted podría darle un recado a don Hernando?

Ana

Pero claro...

La Vecina

Dígale que esta mañana, cuando vine a dejar los huevos me encontré en la puerta este pincel tirado. Que por favor, se lo entregue a su amigo, el pintor, que yo sé que para él es muy preciado.

Francisco

¿Qué? Mejor póngalo en ese tarro.

La Vecina

LO PONE.

Tenga cuidado, joven. A veces suceden cosas muy extrañas...

Francisco

Dígamelo a mi...

Ana

¿Usted puede entregarle las llaves a don Hernando?

La Vecina

Bueno.

LAS RECIBE.

Ana

¿Sabe dónde queda el Hospital..?

La Vecina

Sí. Abajo del matadero...

Francisco

Vámonos...

La Vecina

*RECOGE LA PINTURA Y LA PONE
EN EL CABALLETE.*

¡Dios me libre, parece el diablo en persona..!

Francisco

¡Ni me lo nombre! ¡Vade retro..!

SALEN. MÚSICA

Fin